L'Évangile et l'Église

Édition en grands caractères et annotée

Alfred Loisy

ALICIA ÉDITIONS

Table des matières

INTRODUCTION	5
I. LE ROYAUME DES CIEUX	23
II. LE FILS DE DIEU	48
III. L'ÉGLISE	77
IV. LE DOGME CHRÉTIEN	107
V. LE CULTE CATHOLIQUE	140

INTRODUCTION

Les conférences de M. A. Harnack sur l'essence du christianisme [1] ont eu un grand retentissement dans le monde protestant, principalement en Allemagne. Profession de foi personnelle en forme d'aperçu historique, elles répondaient sans doute à un besoin de beaucoup d'intelligences, et elles résumaient tout un ensemble d'idées où plusieurs se sont retrouvés avec satisfaction.

Cependant les suffrages des théologiens ont été partagés. Quelques-uns ont formulé des réserves, et il en est aussi qui ont critiqué vivement une façon d'entendre le christianisme qui élimine de son essence à peu près tout ce qu'on est accoutumé à regarder comme croyance chrétienne. L'ouvrage aurait fait sans doute plus de bruit en France, et même parmi les catholiques, s'il n'était venu après l'*Esquisse d'une philosophie de la religion*, de M. A. Sabatier, dont l'esprit et les conclusions étaient à peu près semblables. Cependant, une traduction française vient de paraître [2], et quelques revues catholiques avaient attiré déjà l'attention de leurs lecteurs sur cette publication remarquable, en en donnant des analyses où se mêlaient certaines rectifications. L'originalité d'une pareille synthèse théologico-historique a de quoi frapper les esprits, dans un temps où la science se fait érudite et se défie des théories générales, où l'on discute les problèmes religieux à un point de vue qu'on pourrait dire purement phénoménal, et où beaucoup pensent que la théologie est chose vaine, tandis que d'autres, au contraire, pensent encore qu'elle est chose si divine, qu'elle n'a pas à s'occuper de ce que des chercheurs téméraires racontent de son passé. Peut-être y a-t-il quelque utilité à faire de ce livre un examen attentif, non précisément pour le réfuter, mais pour déterminer sa véritable situation à l'égard de l'histoire.

C'est en effet au point de vue de l'histoire que l'on a voulu se mettre dans cette étude. On ne s'est nullement proposé d'écrire l'apologie du catholicisme et du dogme traditionnel. Si l'on avait eu cette intention, le présent travail serait très défectueux et incomplet, notamment en ce qui regarde la divinité du Christ et l'autorité de l'Église. On n'entend pas démontrer ici ni la vérité de l'Évangile ni celle du christianisme catholique, mais on essaie seulement d'analyser et de définir le rapport qui les unit dans l'histoire. Le lecteur de bonne foi ne s'y trompera pas.

Puisque l'œuvre du savant conférencier s'annonce comme historique, on la discutera uniquement d'après les données de l'histoire. M. Sabatier indiquait, à côté de l'histoire, comme source de sa philosophie religieuse, la psychologie. M. Harnack en appelle surtout aux faits ; il expose beaucoup moins une philosophie religieuse qu'une religion, ou pour mieux dire que « la religion », dans le principe unique et immuable qui est censé la constituer ; il extrait ce principe de l'Évangile, et il s'en sert comme d'un critérium pour juger tout le développement chrétien, lequel n'aurait de valeur que dans la mesure où cette précieuse essence a pu s'y conserver. Toute la doctrine du livre porte sur ce point fondamental : que l'essence de l'Évangile consiste uniquement dans la foi au Dieu Père, que Jésus a révélé. De la solidité ou de l'insuffisance de ce principe dépend la valeur des jugements qui sont émis sur l'évolution de l'Église, de son dogme et de son culte, depuis les origines et dans les diverses confessions qui se réclament aujourd'hui de l'Évangile et du nom de Jésus. Aussi ne peut-on, dès l'abord, se défendre d'une certaine inquiétude, en voyant un mouvement aussi considérable que le christianisme ramené à une seule idée ou à un seul sentiment. Est-ce bien la définition d'une réalité historique, ou une façon systématique de la considérer ? Une religion qui a tenu tant de place dans l'histoire et qui a renouvelé, pour ainsi dire, la conscience de l'humanité, a-t-elle son point de départ et toute sa substance dans une seule pensée ? Comment cette grande force peut-elle consister en un seul élément ? Se peut-il qu'un tel fait ne soit pas plus complexe ? La définition du christianisme, d'après M. Harnack, est-elle d'un historien, ou seulement d'un théologien qui prend dans l'histoire ce qui convient à sa théologie ? La théorie qui est exposée dans les conférences sur l'essence du christianisme est celle qui domine la savante histoire des dogmes [3], qu'a publiée le même auteur.

Mais l'a-t-il déduite réellement de l'histoire, ou bien n'aurait-il pas simplement interprété l'histoire d'après la théorie ?

On sait que Renan [4] comparaît assez irrévérencieusement le théologien libéral à un oiseau dont on a coupé le bout des ailes : tant qu'il est au repos, son attitude est naturelle, mais quand il se met à voler, son allure n'est pas franche. Ce n'est pas à propos des théologiens catholiques, assimilés, comme les protestants orthodoxes, à des oiseaux en cage, que l'auteur des *Origines du christianisme* a fait cette comparaison, mais à l'intention de certains exégètes rationalistes qui associaient à une critique minutieuse, dont on aurait pu croire que les conclusions générales devaient être fondées sur l'expérience, les théories les plus absolues et les plus risquées. La remarque de Renan n'est pas un axiome indiscutable. Une incompatibilité radicale n'existe pas entre la profession de théologien et celle d'historien. Peut-être a-t-on vu déjà des théologiens qui savaient être historiens, c'est-à-dire prendre les faits tels qu'ils résultent des témoignages sainement compris, sans introduire leurs propres pensées dans les textes qu'ils interrogeaient, et en se rendant compte de la transposition que l'on fait nécessairement subir aux idées antiques lorsqu'on les adapte à la mentalité moderne. Mais il faut bien avouer qu'on en a toujours vu et que l'on en voit encore un bien plus grand nombre qui, pourvus d'un système général que la tradition leur a fourni ou qu'ils ont eux-mêmes élaboré sous l'influence de la tradition, tout en croyant parfois s'y soustraire, plient inconsciemment, ou même consciemment, les textes et les faits au gré de leurs doctrines. On doit ajouter que les adversaires des théologiens peuvent apporter aussi, et qu'ils ont apporté souvent, en ces matières d'histoire religieuse, des partis pris antécédents à l'examen des choses et qui peuvent en compromettre, tout autant que les partis pris théologiques, sinon davantage, l'équitable et sereine appréciation.

Au fond, M. Sabatier et M. Harnack ont voulu concilier la foi chrétienne avec les exigences de la science et de l'esprit scientifique en notre temps. Il faut que ces exigences soient devenues bien grandes, ou qu'on les croie telles, car la foi se fait bien petite et modeste. Qu'aurait pensé Luther, si on lui eût présenté sa doctrine du salut par la foi, avec cet amendement : « indépendamment des croyances », ou avec cet autre : « la foi au Père miséricordieux, car la foi au Fils est étrangère à l'Évangile de Jésus » ? La religion s'accorde ainsi avec la science, parce qu'elle ne la rencontre plus. On a ou l'on n'a pas cette confiance en la bonté de Dieu ; mais il semble impossible qu'un sentiment puisse contredire aucune conclusion de la critique biblique ou de la critique philosophique. Cependant cet accord négatif est peut-être moins solide qu'il ne paraît. Toute assertion absolue qui défie le contrôle de l'intelligence peut devenir, à un moment donné, un obstacle au mouvement libre et légitime de la pensée. Bien que ce minimum de foi, extrait de la Bible, semble autoriser une liberté complète et illimitée de la critique biblique, il serait néanmoins un obstacle à l'exercice de cette liberté, et un obstacle des plus sérieux à son exercice le plus indispensable en ce qui regarde l'Évangile, si par hasard il ne se trouvait pas dans l'Évangile, ou s'il n'y était pas dans le sens où on l'entend. Ceux qui s'obligeraient à l'y voir se contraindraient en même temps à ne pas prendre l'Évangile tel qu'il est. On a dit assez longtemps, et non sans motif, que le dogme de l'inspiration biblique, en tant qu'il induisait à tenir la Bible pour un livre dont la vérité ne connaissait ni la limite, ni l'imperfection, ni l'à-peu-près, et qui était comme rempli de la science absolue de Dieu, empêchait de percevoir le sens réel et historique de l'Écriture ; mais on pourrait en dire autant de la persuasion, arrêtée avant examen, ou pour des motifs pris en dehors de l'histoire, qu'un système religieux quelconque, que l'on croit être le vrai, doit avoir été l'Évangile du Christ. L'Évangile a existé indépendamment de nous ; tâchons de l'entendre en lui-même, avant de l'interpréter par rapport à nos préférences ou à nos besoins.

Si l'on veut déterminer historiquement l'essence de l'Évangile, les règles d'une saine critique ne permettent pas qu'on soit résolu d'avance à considérer comme non essentiel ce que l'on est porté maintenant à juger incertain ou inacceptable. Ce qui a été essentiel à l'Évangile de Jésus est ce qui tient la première place, et la plus considérable, dans son enseignement authentique, les idées pour lesquelles il a lutté et pour lesquelles il est mort, non celle-là seulement que l'on croit encore vivante aujourd'hui. De même, si l'on veut définir l'essence du christianisme primitif, on devra chercher quelle était la préoccupation dominante des premiers chrétiens, et ce dont vivait leur religion. En appliquant le même procédé d'analyse à toutes les époques, et en comparant les résultats, on pourra vérifier si le christianisme est resté fidèle à la loi de son origine, si ce qui fait aujourd'hui la base du catholicisme est ce qui soutenait l'Église du Moyen Âge, celle des premiers siècles, et si cette base est substantiellement identique à l'Évangile de Jésus, ou bien si la clarté de l'Évangile s'est bientôt obscurcie, pour n'être dégagée de ses ténèbres qu'au XVIe siècle ou même de nos jours. Si des traits communs se sont conservés et développés depuis l'origine jusqu'à notre temps dans l'Église, ce sont ces traits qui constituent l'essence du christianisme. Du moins, l'historien n'en peut pas connaître d'autres ; il n'a pas le droit d'appliquer une autre méthode que celle qu'il appliquerait à une religion quelconque. Pour fixer l'essence de l'islamisme, on ne prendra pas, dans l'enseignement du Prophète et dans la tradition musulmane, ce que l'on peut juger vrai et fécond, mais ce qui, pour Mahomet et ses sectateurs, importe le plus en fait de croyance, de morale et de culte. Autrement, avec un peu de bonne volonté, l'on découvrirait que l'essence du Coran est la même que celle de l'Évangile, la foi au Dieu clément et miséricordieux.

Il y aurait aussi peu de logique à prendre pour l'essence totale d'une religion ce qui la différencie d'avec une autre. La foi monothéiste est commune au judaïsme, au christianisme et à l'islamisme. On n'en conclura pas que l'essence de ces trois religions doive être cherchée en dehors de l'idée monothéiste. Ni le juif, ni le chrétien, ni le musulman n'admettront que la foi à un seul Dieu ne soit pas le premier et principal article de leur symbole. Chacun critiquera la forme particulière que l'idée reçoit dans la croyance du voisin ; mais aucun ne s'avisera de nier que le monothéisme soit un élément de sa religion, sous prétexte que le monothéisme appartient aussi à la religion des autres. C'est par leurs différences qu'on établit la distinction essentielle de ces religions, mais ce n'est pas uniquement par ces différences qu'elles sont constituées. Il est donc souverainement arbitraire de décréter que le christianisme doit être essentiellement ce que l'Évangile n'a pas emprunté au judaïsme, comme si ce que l'Évangile doit à la tradition juive était nécessairement de valeur secondaire. M. Harnack trouve tout naturel de mettre l'essence du christianisme dans la foi au Dieu Père, parce qu'il suppose, assez gratuitement d'ailleurs, que cet élément de l'Évangile est étranger à l'Ancien Testament. Quand même l'hypothèse serait fondée, la conclusion qu'on en tire ne serait pas légitime. Cette conclusion peut se présenter d'elle-même à l'esprit d'un théologien protestant, pour qui le mot « tradition » est synonyme de « catholicisme » et d'« erreur », et qui est heureux de penser que l'Évangile a été comme le protestantisme de la Loi. Mais l'historien n'y peut voir qu'une assertion dont la preuve reste à fournir. Jésus n'a pas prétendu détruire la Loi, mais l'accomplir. On doit donc s'attendre à trouver, dans le judaïsme et dans le christianisme, des éléments communs, essentiels à l'un et à l'autre, la différence des deux religions consistant dans cet « accomplissement » qui est propre à l'Évangile, et qui, joint aux éléments communs, doit former l'essence totale du christianisme. L'importance de ces éléments ne dépend ni de leur antiquité ni de leur nouveauté, mais de la place qu'ils tiennent dans l'enseignement de Jésus et du cas que Jésus lui-même en a fait.

L'essence de l'Évangile ne peut être établie que sur une discussion critique des textes évangéliques, et en partant des textes les plus sûrs et les plus clairs, non de ceux dont l'authenticité ou le sens peuvent être douteux. On irait contre les principes les plus élémentaires de la critique en échafaudant une théorie générale du christianisme sur un petit nombre de textes médiocrement garantis, et en négligeant la masse des textes incontestés et leur signification très nette.

Avec une telle méthode, on offrirait au public une synthèse doctrinale plus ou moins spécieuse, mais non l'essence du christianisme d'après l'Évangile. On verra que M. Harnack n'a pas évité cet écueil ; que sa définition de l'essence du christianisme n'est pas fondée sur l'ensemble des textes certains, mais qu'elle repose, en dernière analyse, sur un très petit nombre de textes, on pourrait presque dire sur deux passages : « Nul ne connaît le Fils si ce n'est le Père, ni le Père si ce n'est le Fils [5] », et : « Le royaume de Dieu est en vous [6] », qui ont chance l'un et l'autre d'avoir été influencés, sinon produits, par la théologie des premiers temps. Ce parti pris de sa critique pourrait donc avoir exposé l'auteur à la suprême infortune, pour un théologien protestant, d'avoir fondé l'essence de l'Évangile sur une donnée de la tradition chrétienne.

Le mal ne serait pas grand, au point de vue de l'histoire, si l'on n'isolait pas ces textes en leur donnant la préférence sur tous les autres. Le départ, il faut bien l'avouer, est souvent difficile à faire entre la religion personnelle de Jésus et la façon dont ses disciples l'ont comprise, entre la pensée du Maître et les interprétations de la tradition apostolique. Si le Christ avait rédigé lui-même un exposé de sa doctrine et un résumé de sa prédication, un traité méthodique de son œuvre, de son rôle, de ses espérances, l'historien soumettrait cet écrit à l'examen le plus attentif et déterminerait, d'après un témoignage indiscutable, l'essence de l'Évangile. Mais jamais un tel écrit n'a existé, et rien ne peut suppléer à son absence. Il ne reste dans les Évangiles qu'un écho, nécessairement affaibli et un peu mêlé, de la parole de Jésus ; il reste l'impression générale qu'il a produite sur ses auditeurs bien disposés, ainsi que les plus frappantes de ses sentences, selon qu'on les a comprises et interprétées ; il reste enfin le mouvement dont Jésus a été l'initiateur. Quoi que l'on pense, théologiquement, de la tradition, que l'on s'y fie ou que l'on s'en défie, on ne connaît le Christ que par la tradition, à travers la tradition, dans la tradition chrétienne primitive. Autant dire que le Christ est inséparable de son œuvre, et que l'on tente une entreprise qui n'est qu'à moitié réalisable, quand on veut définir l'essence du christianisme d'après le pur Évangile de Jésus, en dehors de la tradition, comme si cette seule idée de l'Évangile sans la tradition n'était pas en contradiction flagrante avec l'état du fait qui est soumis à la critique. Cet état de choses, trop naturel, n'a rien de déconcertant pour l'historien ; car l'essence du christianisme doit être dans l'œuvre de Jésus, ou bien elle ne sera nulle part, et on la chercherait vainement dans quelque débris de ses discours. Si une foi, une espérance, un sentiment, un élan de volonté dominent l'Évangile et se sont perpétués dans l'Église des premiers temps, là sera l'essence du christianisme, quelques réserves qu'on puisse faire sur l'authenticité littérale de certaines paroles et sur les modifications plus ou moins notables que la pensée de Jésus a nécessairement subies en se transmettant de génération en génération [7].

« Les essences des choses sont immuables », disait la vieille philosophie, en considérant les types éternels des réalités contingentes.

Pour constituer une telle essence au christianisme, il faut le transformer lui-même en entité métaphysique, en essence logique, en quelque chose de pareil à la notion scolastique de l'espèce, que certains théologiens craignent encore de corrompre en admettant l'idée d'évolution. M. Harnack semble craindre aussi que son essence du christianisme ne fût gâtée, s'il y introduisait l'idée de vie, de mouvement et de développement. Il se défie cependant des essences abstraites, et il s'est bien gardé, tout en disant que le christianisme est la religion absolue, ce qui est un propos hégélien, de donner une définition théorique de la religion, qui aurait été, par là même, la définition du christianisme.

Il a mis l'essence du christianisme dans un sentiment : la confiance filiale en Dieu, le Père miséricordieux. Là serait toute la religion et tout le christianisme. L'identité de ce sentiment dans Jésus et dans les chrétiens ferait la continuité de la religion et l'immutabilité de son essence. Mais cette essence, dans l'exiguïté de ses proportions, est-elle vraiment immuable, et pourquoi faudrait-il qu'elle le fût ? La miséricorde divine a-t-elle été comprise tout à fait de la même façon par les apôtres et par M. Harnack ? Les apôtres se faisaient du monde et aussi de Dieu, conséquemment de sa miséricorde, une idée assez différente de celle qu'insinue la péroraison de l'Essence du christianisme.

Or, le sentiment n'est pas indépendant de l'idée ; si l'idée change, la forme du sentiment changera aussi, bien que le sentiment reste le même par sa direction, l'on peut dire par l'esprit qui le soutient. Et si l'identité de direction et l'impulsion qui vient du Christ font sur ce point ce qu'on appelle l'immutabilité du christianisme, pourquoi ne la feraient-elles pas sur d'autres points ? Pourquoi pas en ce qui concerne l'espérance du royaume éternel, que Jésus a prêchée constamment, et que l'Église chrétienne n'a jamais laissé perdre ? Pourquoi pas en ce qui concerne la mission des apôtres chargés de propager cette espérance ? Pourquoi pas en ce qui concerne le Christ lui-même, dont le rôle messianique appartient à l'Évangile primitif et n'a cessé de remplir la pensée de l'Église depuis le commencement ? Pourquoi pas en ce qui concerne les divers thèmes de l'enseignement évangélique, dont aucun n'a été regardé comme accessoire durant les siècles chrétiens ? Pourquoi tous ces éléments du christianisme, sous toutes les formes où ils se sont conservés, ne seraient-ils pas l'essence du christianisme ? Pourquoi ne pas mettre l'essence du christianisme dans la plénitude et la totalité de sa vie, qui, par cela même qu'elle est vie, est mouvement et variété, mais en tant que vie procédant d'un principe évidemment très puissant, a grandi suivant une loi qui affirmait, à chaque progrès, la force initiale de ce qu'on pourrait appeler son essence physique, révélée dans toutes ses manifestations ? Pourquoi l'essence de l'arbre devrait-elle être censée contenue dans une particule du germe d'où il est sorti, et pourquoi ne serait-elle pas aussi véritablement et plus parfaitement réalisée dans l'arbre que dans la graine ? Le procédé d'assimilation par lequel se fait la croissance est-il à regarder comme une altération de l'essence virtuellement contenue dans le germe, et n'est-il pas plutôt la condition indispensable de son être, de sa conservation, de son progrès dans une vie toujours la même et incessamment renouvelée ?

On ne peut condamner l'historien à regarder comme essence du christianisme vivant un point qui se multiplie sans grandir. Il y aurait plutôt à reprendre la parabole du Sénevé, en comparant à une petite semence le christianisme naissant. La graine était petite, car la religion nouvelle était moindre, par le prestige de l'Antiquité, que les vieilles religions, encore subsistantes, de l'Égypte et de la Chaldée ; elle était moindre, par la puissance extérieure, que le paganisme gréco-romain ; elle était même moindre, en apparence, que le judaïsme, dont elle se présentait comme une variété sans avenir, puisque le judaïsme la repoussait. Cette semence néanmoins enfermait en germe l'arbre que nous voyons ; elle avait pour sève la charité ; sa poussée de vie était dans l'espérance du royaume ; sa force d'expansion dans l'apostolat ; son gage de succès dans le sacrifice ; comme forme générale, cette religion embryonnaire avait la foi à l'unité et à la souveraineté absolue de Dieu, et, comme forme particulière et distinctive, la foi à la mission divine de Jésus, qui lui a valu son nom de christianisme. Tout cela était dans la petite semence, et tout cela était l'essence réelle de la religion chrétienne ; tout cela ne demandait qu'à grandir, à tel point que cela vit encore, après avoir beaucoup grandi. Quand on veut savoir où est l'essence du christianisme, il faut regarder ces manifestations vitales qui contiennent la réalité du christianisme, son essence permanente, reconnaissable en elles, comme les traits principaux du christianisme primitif sont reconnaissables dans leur développement. Les formes particulières et changeantes de ce développement, en tant que changeantes, ne sont pas l'essence du christianisme, mais elles se succèdent, pour ainsi dire, dans un cadre dont les proportions générales, pour être variables, ne laissent pas d'être équilibrées, en sorte que si la figure change, son type ne varie pas, ni la loi qui gouverne son évolution. Ce sont les traits généraux de cette figure, les éléments de cette vie et leurs propriétés caractéristiques, qui constituent l'essence du christianisme ; et cette essence est immuable comme peut l'être celle d'un être vivant, qui est le même tant qu'il vit, et dans la mesure où il vit. L'historien pourra trouver que l'essence du christianisme a été plus ou moins sauvegardée dans les diverses communions chrétiennes ; il ne la croira pas compromise par le développement des institutions, des croyances et du culte, tant que ce développement sera gouverné par les principes qui ont été vérifiés dès le début. Il ne pensera pas que cette essence ait été réalisée absolument et définitivement à un point quelconque des siècles passés ; il croira qu'elle se réalise plus ou moins parfaitement depuis le commencement, et qu'elle continuera de se réaliser ainsi, de plus en plus, tant que vivra le christianisme.

M. Harnack ne conçoit pas le christianisme comme

une semence qui a grandi, d'abord plante en puissance, puis plante réelle, identique à elle-même depuis le commencement de son évolution jusqu'à son terme actuel, et depuis la racine jusqu'au sommet de la tige ; mais comme un fruit mûr, ou plutôt avarié, qu'il faut peler pour arriver jusqu'au noyau incorruptible. Et M. Harnack enlève la pelure avec tant de persévérance qu'on peut se demander s'il restera quelque chose à la fin. Cette façon de dépecer un sujet ne convient pas à l'histoire, qui est une science d'observation sur le vif, non de dissection sur le mort. L'analyse historique remarque et distingue ; elle ne détruit pas ce qu'elle touche ; elle ne prend pas tout mouvement pour un écart, ni tout accroissement pour une déformation. Ce n'est pas en épluchant le christianisme qu'on trouvera la loi de sa vie. Un pareil découpage aboutit nécessairement à une théorie particulière, qui peut avoir sa valeur philosophique, mais qui ne compte guère au point de vue positif de l'histoire. Il n'appartient pas même aux théologiens, si ce n'est dans un exercice tout personnel de leur esprit, et à plus forte raison n'appartient-il pas à un critique, de saisir la religion au passage, de la mettre en morceaux, d'en extraire un élément quelconque, et de le déclarer unique en disant : « Voilà l'essence du christianisme ». Regardons vivre la religion chrétienne, et en voyant ce dont elle a vécu depuis le commencement, ce par quoi elle se soutient, notons les traits principaux de cette existence séculaire, persuadés qu'ils ne perdent rien de leur réalité ni de leur importance pour se présenter à nous aujourd'hui sous des couleurs qui ne sont plus celles d'autrefois.

En réduisant le christianisme à un seul point, à une

seule vérité que la conscience de Jésus aurait perçue et révélée, on protège bien moins qu'on ne croit la religion contre toute attaque, attendu qu'on la prive à peu près de tout contact avec la réalité, de tout appui dans l'histoire, et de toute garantie devant la raison. Le Christ qu'on nous présente n'aura eu qu'une seule idée vraie parmi beaucoup de fausses, et celles que l'on regarde comme erronées et de nulle valeur ne sont pas celles dont il a été le moins préoccupé. Si l'on vient à ne pas sentir la vérité unique dont il est dit révélateur, on n'attendra plus rien de lui. Et pour sentir cette vérité incomparable, pour la trouver plus vraie que le reste, seule vraie sans le reste, pour y voir la religion absolue, il ne suffit pas de la contempler ; il faut une sorte d'entraînement intellectuel et moral qui prépare à ne voir qu'elle et à s'en contenter.

On dirait que le Dieu de M. Harnack, chassé du domaine de la nature, chassé aussi de l'histoire en tant qu'elle est matière de fait et mouvement d'idées, s'est réfugié sur les hauteurs de la conscience humaine, et n'est plus aperçu que là, de ceux qui l'aperçoivent encore. Est-il bien certain qu'on ne puisse le voir d'ailleurs, et que, si on ne le voit pas ailleurs, on le trouve là infailliblement ? Ne pourrait-il pas, si l'on ne faisait effort pour le retenir, être chassé aussi bien de ce dernier retranchement et identifié à « la catégorie de l'Idéal » ou à « l'Activité imparfaite aspirant au Parfait », ces fantômes de Divinité dont la raison s'amuse, quand elle s'est égarée en se cherchant elle-même, et qui ne sont rien pour la religion ? La conscience pourra-t-elle garder bien longtemps un Dieu que la science ignore, et la science respectera-t-elle toujours un Dieu qu'elle ne connaît pas ? Dieu sera-t-il bonté s'il n'est d'abord être et vérité ? Ne le conçoit-on pas aussi facilement, et aussi nécessairement, comme source de vie et de vérité que comme bonté indulgente ? Aurons-nous besoin de lui pour rassurer nos consciences, si nous n'avons pas eu besoin de lui pour affirmer nos intelligences ? N'est-ce pas avec toute son âme et toute son activité que l'homme peut chercher Dieu et le trouver ? Ne faut-il pas que Dieu vive dans la nature et dans l'homme, et la formule intégrale de la vraie philosophie religieuse ne serait-elle pas : « Dieu partout », comme la formule intégrale du christianisme est : « Le Christ dans l'Église, et Dieu dans le Christ » ?

Mais l'on n'a pas à examiner ici la théologie de M. Harnack. On va seulement vérifier si son « essence du christianisme », au lieu d'être la religion absolue, le christianisme absolu, quiddités qui ont peu de chance d'appartenir à l'histoire, ne marquerait pas une étape ou ne serait pas simplement une formule radicale du protestantisme.

---

1. *Das Wesen des Christentums*. Berlin, 1900.
2. *L'essence du christianisme*. Paris, 1902.
3. *Lehrbuch der Dogmengeschichte*, Fribourg e. B., I-II, 1894 ; III, 1897.
4. *Vie de Jésus*, 13, IX-X.
5. MATTH. XI, 27.
6. LUC, XVII, 21.
7. À vouloir chercher le Christ du pur Évangile, écrivait naguère un savant anglican, « nous arriverions graduellement à vider de son contenu l'idée que nous avons de lui, ou tout au moins à la réduire à quelque chose de très vague et de très général, quelque chose qui ne pourrait fixer la religion du monde. D'autre part, si nous rejetons cette méthode, et si nous admettons que le Christ doit nous être interprété par ce qui est sorti

de lui, par toute l'impression qu'il a produite sur ses contemporains et sur la génération suivante, — et c'est ainsi que nous devons le prendre, si nous le considérons comme le centre de notre religion, — nous ne pouvons tracer nulle part des lignes de séparation ; nous devons le regarder comme vivant dans et par son Église, et se révélant de plus en plus complètement en elle. Nous devons le traiter comme étant, en un sens, une idée, ou si l'on veut, un esprit qui trouve pour lui-même de nouveaux organes à chaque génération, et qui, par ces organes, développe continuellement de nouvelles facultés et s'assimile de nouveaux éléments de la vie humaine. Nous devons, pour employer une expression de Tennyson, tourner nos regards vers le Christ qui est et qui sera, autant que vers le Christ qui a été, comme vers le centre de nos espérances pour l'humanité ». E. CAIRD, *Christianity and the historical Christ*, dans *The New World*, VI, 21 (mars 1897), pp. 7-8.

I. LE ROYAUME DES CIEUX

Jésus avait pour thème ordinaire de sa prédication le règne de Dieu, ou le royaume des cieux. La plupart des paraboles sont en rapport avec l'avènement de ce royaume et la façon de s'y préparer. Dans l'Oraison dominicale, le Christ fait dire aux siens : « Que ton règne arrive ! » Tous ses enseignements sont donnés en vue du royaume. Cependant, comme l'Évangile n'en contient aucune définition expresse, on a pu discuter, et l'on discute encore sur l'objet propre de cette idée.

Avant Jésus, l'idée du règne de Dieu est surtout eschatologique : Daniel et les auteurs d'apocalypses y voient la grande manifestation de la puissance divine, qui doit inaugurer la félicité éternelle des saints sur la terre régénérée, et ce bonheur même, auquel Dieu présidera dans la nouvelle Jérusalem. Des éléments divers entrent dans cette conception : cosmologie et transposition de cosmogonie, où le renouvellement des choses est amené par la destruction du monde présent ; sentiment national qui associe à la rénovation de l'univers la restauration d'Israël ; sentiment religieux de la justice divine qui récompense les bons et punit les méchants. Dans l'Évangile, l'élément national a disparu, la qualité d'Israélite n'étant plus par elle-même un titre au royaume ; l'élément eschatologique cesse de remplir toute la perspective, et l'élément religieux et moral apparaît au premier plan. Mais c'est une question actuellement fort débattue que celle du rapport entre ces deux derniers éléments, qui semblent coordonnés. Plusieurs critiques admettent que la pensée de Jésus reste entièrement dominée par l'eschatologie apocalyptique. D'autres pensent que le point de vue moral de la rémission des péchés et de la réconciliation avec Dieu est le plus important, le seul essentiel.

I

Ce dernier avis est celui de M. Harnack, et l'éminent conférencier a même des paroles sévères, disons injustes [1], à l'égard de ceux qui professent l'opinion contraire. En reconnaissant que le royaume à venir est proprement ce que Jésus entend par le royaume, ils céderaient au désir, conscient ou inconscient, de tout niveler et d'abaisser ce qui est élevé. Jésus, nous dit-on, aurait partagé cette croyance du royaume à venir, mais elle ne serait pas pour lui le tout du règne de Dieu ; elle n'en serait même pas le principal, parce que le Sauveur aurait enseigné d'abord, et lui seul, que le royaume des cieux ne se reconnaît pas à des signes extérieurs et qu'il est déjà dans l'homme qui se confie en Dieu. Un problème de ce genre n'est pas à

I. LE ROYAUME DES CIEUX

trancher par des insinuations sur les tendances des personnes qui ont soutenu telle ou telle conclusion. Les exégètes accusés de diminuer le Christ auraient trop facile de répondre qu'on l'honore peut-être moins que l'on ne croit, en lui prêtant les idées que l'on juge soi-même les plus vraies. Les textes évangéliques sont là, et c'est uniquement d'après leur témoignage que la question doit être décidée.

Les évangélistes ont résumé la prédication de Jésus, au début de son ministère, dans les mots : « Faites pénitence, parce que le royaume des cieux est proche [2]. » Ces paroles pourraient aussi bien représenter, en abrégé, tout l'enseignement du Sauveur en Galilée et à Jérusalem.

Elles expriment la nécessité d'une conversion morale, d'un changement intérieur, de la rémission des péchés, mais en vue du royaume prêt à venir, c'est-à-dire en vue de la perspective eschatologique, le règne qui approche étant celui que Jean-Baptiste avait annoncé avant Jésus. L'idée dominante est visiblement celle du royaume qui vient, et la pénitence a sa signification par rapport au royaume, en tant qu'elle est la condition indispensable pour y être admis. Mais l'Évangile entier ne fait que développer cet avertissement. Les béatitudes, au commencement du Discours sur la montagne, promettent le royaume aux pauvres, aux affligés, aux affamés, aux persécutés ; elles le leur promettent comme récompense future et ne le supposent pas réalisé en eux. Quand le Sauveur envoie ses apôtres prêcher, les évangélistes lui font sous-entendre la pénitence, et le message qu'il leur confie ne contient que la formule : « Le royaume des cieux est proche [3] », qui sans doute a chance de contenir l'essentiel de l'Évangile, d'être « la bonne nouvelle » annoncée par le Christ. Quand on lui demande un signe, Jésus répond qu'il n'en donnera pas d'autre que celui de Jonas [4], c'est-à-dire qu'il ajourne ses auditeurs au prochain jugement de Dieu. Il assure à ses disciples que plusieurs d'entre eux vivront encore quand arrivera le royaume ; et lorsque les disciples lui observent qu'Élie doit venir auparavant, il répond que c'est chose faite, et qu'Élie est venu dans la personne de Jean-Baptiste [5]. La parabole des Ouvriers de la vigne [6] montre que le royaume est garanti à tous ceux qui auront travaillé pour Dieu, ne fût-ce qu'un peu de temps. Dans la parabole du Festin [7] ; le rapport du royaume à l'Évangile est celui d'un repas à l'invitation qui le précède. Il faut se tenir sur ses gardes, parce que le royaume arrivera comme un voleur [8] ; il faut être à l'égard du royaume comme un serviteur vigilant qui attend le retour de son maître [9] ; il faut avoir prêté sa provision de mérites, comme les vierges sages avaient leur provision d'huile, faute de quoi on s'expose, quand le royaume viendra, au sort des cinq étourdies qui frappèrent inutilement à la porte de l'époux [10] ; il faut faire fructifier les dons de Dieu en vue du jugement, comme les serviteurs qui firent valoir, en l'absence de leur maître, les talents qu'ils avaient reçu de lui [11] ; il faut, par un bon usage de la vie et des biens présents, s'assurer une part au royaume, comme l'intendant malhonnête a su se préparer un asile chez les débiteurs de son maître [12] ; il faut se résigner à la pauvreté, en songeant que la vie future réparera les misères de la vie présente, comme on le voit par l'exemple de Lazare [13] ; il faut se consoler de la mort du Sauveur lui-même, en se rappelant, que, dans la dernière cène, quand Jésus a présenté à ses disciples la coupe symbolique, il leur a donné rendez-vous au festin du royaume de Dieu [14].

L'idée du royaume céleste n'est donc pas autre chose qu'une grande espérance, et c'est dans cette espérance que l'historien doit mettre l'essence de l'Évangile, ou bien il ne la mettra nulle part, aucune autre idée ne tenant autant de place et une place aussi souveraine dans l'enseignement de Jésus. Les qualités de l'espérance évangélique sont aussi faciles à déterminer que son objet. Elle est d'abord collective, le bien du royaume étant destiné à tous ceux qui aiment Dieu, et de telle sorte qu'ils en jouissent en commun, si bien que leur félicité ne peut pas être mieux comparée qu'à un grand festin. Elle est objective et ne consiste pas uniquement dans la sainteté du croyant ni dans l'amour qui l'unit à Dieu, mais elle implique toutes les conditions d'une vie heureuse, et les conditions physiques aussi bien que les conditions morales, les conditions extérieures aussi bien que les intérieures, en sorte que l'on peut parler de l'avènement du royaume comme d'un fait qui couronne l'histoire et qui ne se confond nullement avec la conversion de ceux qui y sont appelés. Elle se rapporte et ne peut se rapporter qu'à l'avenir, ainsi qu'il convient à sa nature d'espérance ; et cet avenir n'est pas le sort prochain de l'individu en ce monde, mais le renouvellement du monde, la restauration de l'humanité dans la justice et le bonheur éternels.

S'il y a comme une anticipation du royaume dans la prédication de l'Évangile et dans les fruits qu'elle produit, c'est que la perspective du royaume est très rapprochée ; que l'Évangile est la préparation immédiate et directe à l'avènement du royaume ; que ce présent confine à cet avenir et le contient virtuellement. Si le royaume des cieux est comparé à un festin, l'Évangile est l'invitation du père de famille, celle qui se fait quand le repas est prêt, pour prier les convives de s'y rendre [15]. La principale garantie de la sécurité dans le royaume sera la ruine de Satan ; mais déjà Satan est vaincu, il a trouvé plus fort que lui, et sa maison est au pillage [16]. Jésus a vu dans les guérisons qu'il opérait, spécialement dans les guérisons de possédés, le gage de sa victoire définitive sur les puissances infernales, et il a pu dire que le royaume de Dieu était arrivé, puisqu'il chassait les démons par l'esprit de Dieu [17]. Encore est-il que cette assertion, qui vient à l'appui d'un argument tiré des exorcismes pratiqués par les Juifs, et qui sépare assez mal à propos [18] les deux comparaisons du royaume divisé et du guerrier armé, pourrait appartenir à une couche secondaire de la tradition évangélique. Supposé qu'elle vienne de Jésus, elle présenterait le royaume réalisé dans son commencement et non dans sa plénitude, le pouvoir de Satan n'étant pas encore anéanti. On doit entendre de la même façon les paroles : « Depuis les jours de Jean le Baptiste jusqu'à maintenant, le royaume des cieux souffre violence, et les violents le prennent [19]. » Le royaume des cieux a été inauguré après que Jean a eu terminé son ministère, parce que c'est alors que Jésus lui-même a prêché l'Évangile ; mais il a été inauguré dans sa préparation, non dans son accomplissement ; et ceux qui le dérobent, les publicains et les pécheresses qui s'en emparent et qui ont l'air de le voler, n'entrent pas dans la félicité du royaume ; ils ont saisi le royaume dans la promesse, ils ont acquis un droit au bonheur des justes. Le royaume est pour ceux à qui Dieu pardonne, et Dieu pardonne à tous, pourvu qu'ils pardonnent eux-mêmes. Ainsi le royaume est pour ceux qui sont bons à l'exemple de Dieu, et en organisant la vie présente dans la charité, l'Évangile réalise déjà le royaume, dont l'avènement définitif ne fera, pour ainsi dire, qu'assurer le bonheur et l'immortalité des hommes charitables. Mais le royaume est proprement ce bonheur immortel. Sa racine est intérieure ; il est déposé comme un germe précieux dans l'âme de chaque croyant ; dans cet état, néanmoins, il est caché, rudimentaire, imparfait, et il attend sa perfection de l'avenir.

II

Pour établir en quoi consiste l'essence du royaume, de l'Évangile et du christianisme, M. Harnack est parti d'un principe qui n'est rien moins qu'évident par lui-même et que contredit l'attitude générale de Jésus à l'égard de la religion mosaïque et de la tradition israélite. « Certes, écrit-il, c'est une tâche difficile et de grave responsabilité que celle de l'historien distinguant ce qui est traditionnel de ce qui est personnel, le noyau de l'écorce, dans la prédication de Jésus sur le royaume de Dieu [20]. » Ainsi ce qui est traditionnel est l'écorce ; ce qui est personnel est le noyau. Et parce que la notion eschatologique du royaume appartient à la tradition israélite, M. Harnack trouve tout naturel de la considérer comme étant seulement l'écorce de l'Évangile ; la foi au Dieu miséricordieux en serait le noyau, en tant qu'élément original dans l'enseignement du Sauveur.

Une telle conception de l'essentiel et de l'accessoire en matière de croyance évangélique n'est pas acceptable pour le philosophe ni pour l'historien, qui ne peuvent se croire en droit de décider que l'élément traditionnel de l'Évangile est suspect ou garanti par le seul fait qu'il est traditionnel, mais qui doivent seulement examiner l'importance que Jésus lui-même attache aux différents objets ou aux différents aspects de sa doctrine. Or le Christ n'a jamais dit ni laissé entendre que l'ancienne révélation fût moins autorisée que celle dont lui-même était l'organe. Au contraire, il n'avait pas d'autre prétention que d'accomplir la Loi et les Prophètes ; il a voulu sans doute élargir et perfectionner ; mais en élargissant et perfectionnant, il entendait conserver ; il ne s'est pas présenté comme le révélateur d'un principe nouveau ; s'il ne donne jamais sa définition du royaume de Dieu, c'est que le royaume dont il est le messager et l'agent s'identifie dans sa pensée, comme dans celle de ses auditeurs, à celui que les prophètes avaient annoncé ; il tient à l'espérance du royaume comme il tient au précepte de l'amour et à la foi de Dieu. Ces trois éléments de son Évangile sont connexes, inséparables, essentiels, quoique, ou mieux parce que traditionnels ; ils sont l'essence de l'Évangile, parce qu'ils étaient l'essence de la révélation biblique. Que sa façon d'entendre et de sentir Dieu, l'amour et le royaume, soit plus pure, plus intime, plus vivante, que celle de l'Ancien Testament, elle parfait ce qui la précède et ne le détruit pas. Chercher dans l'Évangile un élément tout à fait nouveau par rapport à la religion de

I. LE ROYAUME DES CIEUX

Moïse et des prophètes est y chercher ce que Jésus n'y a pas voulu mettre, et ce qui, de son propre aveu, n'y est pas.

La contradiction que l'on découvre entre l'idée d'un royaume à venir et celle d'un royaume déjà présent n'existe que si l'on attribue à la seconde idée un caractère absolu qu'elle n'a pas dans l'Évangile. On serait fort embarrassé de prouver, par des textes authentiques et clairs, que le royaume, don surnaturel, est un bien purement religieux, l'union avec le Dieu vivant, et l'expérience capitale d'un homme, dans la rémission de ses péchés [21]. Ici encore la grande importance que la théologie protestante attache à la notion du péché et à la justification peut rendre compte de ce qui, au point de vue de la critique historique, ne serait qu'un parti pris d'apprécier seulement dans l'Évangile ce dont on a fait soi-même le principal de la religion. Nulle part le Christ ne confond le royaume avec la rémission des péchés, qui est seulement la condition d'admissibilité au royaume. Nulle part il n'identifie le royaume avec Dieu même et sa force agissant dans le cœur des individus [22]. C'est par une exégèse très particulière que l'on trouve cette définition du royaume dans les paraboles [23]. La parabole du Semeur ne signifie pas que le royaume soit la parole de Dieu : la parole évangélique, non le royaume, est comparée au grain que le semeur jette dans son champ, et dont une partie seulement porte fruit. Une partie de la semence est perdue, et c'est ce qui ne peut être dit du royaume. La partie de la semence qui profite correspond à la prédication utile, à celle qui suscite des candidats au royaume, mais elle n'est pas le royaume lui-même ; elle fructifie pour le royaume, qui est le but en vue duquel la semence de la parole a été jetée. De même, les paraboles de la Perle et du Trésor caché ne tendent pas à prouver que le royaume soit Dieu même, dans le secret du cœur, mais simplement que la félicité du royaume éternel mérite d'être acquise par le sacrifice de tous les biens et avantages terrestres, comme la belle perle et le trésor enfoui dans le champ méritaient d'être achetés au prix de tout ce que possédaient ceux qui ont découvert cette perle et ce trésor. L'application de ces paraboles n'est pas douteuse, et elle est en rapport avec la conception eschatologique du royaume.

La semence qui croît sans que le laboureur s'en inquiète [24] peut éveiller l'idée d'un progrès moral accompli dans les âmes : en réalité, la comparaison porte sur le royaume prêché et sur le royaume manifesté, le premier répondant aux semailles, et le second à la moisson ; entre les deux se place le temps où la semence pousse et où l'Évangile grandit. Les paraboles du grain de Senevé et du Levain, qui font valoir le contraste d'un début chétif et d'un grand résultat final, s'appliquent aussi à l'antithèse du royaume semé par la prédication évangélique, et du royaume développé dans sa manifestation définitive. Partout l'Évangile est subordonné au royaume proprement dit.

Il est besoin d'une certaine préparation pour trouver que celui qui récite l'Oraison dominicale prie uniquement afin de conserver la force qu'il possède déjà et d'affermir l'union dans laquelle il vit avec Dieu [25]. La première partie de la prière concerne l'avènement du royaume, et le chrétien qui dit : « Que ton règne arrive », ne suppose pas que le royaume des

I. LE ROYAUME DES CIEUX

cieux soit réalisé en lui-même. La seconde partie est subordonnée à la première, comme l'Évangile est subordonné au royaume ; car c'est en vue du royaume à venir et prochain que l'on demande à ne pas manquer du pain quotidien, à être pardonné, à être préservé de la tentation. La paternité de Dieu, l'adhésion intérieure à sa volonté, la certitude d'être en possession de biens éternels et d'être protégé contre le mal n'excluent pas la conception eschatologique du royaume et n'ont même leur pleine signification que par rapport à cette idée. Il est évident que les termes de la prière seraient tout autres s'il ne s'agissait que de garantir l'union, déjà existante, de l'individu avec son Père céleste.

La parole : « Que sert à l'homme de gagner l'univers s'il perd son âme [26] », ne signifie pas précisément « la valeur infinie de l'âme humaine [27] », abstraction faite de la destinée de l'homme dans le royaume futur. Jésus dit qu'il faut perdre sa vie dans le temps pour la gagner dans l'éternité, et que celui qui la cherche ou la gagne maintenant la perd pour l'avenir ; or il ne sert à rien de tout gagner, si l'on perd la vie ; celui qui aurait acquis le monde entier n'y aurait aucun avantage dès qu'il serait mort ; et telle est la situation de celui qui ne perd pas la vie pour le royaume, voulant la garder pour le monde ; il perdra tout par la mort, le monde qu'il aime et qu'il a servi, le royaume auquel il n'a pas droit. Quand Jésus dit : « Vous valez mieux que plusieurs passereaux [28] », ce n'est pas pour exalter le prix de l'âme, mais pour encourager ses disciples à la confiance : le Dieu qui veille sur les passereaux veille aussi, et à plus forte raison, sur les hommes.

Certes, le Sauveur a eu souci de chaque âme humaine, âme du pauvre, du pécheur, de la femme, de l'enfant ; mais il ne considérait pas la valeur de l'âme en soi, pour résumer toute la religion dans l'union actuelle de chaque âme avec Dieu. Il a fait entendre assez clairement, dans la parabole des Talents, que l'existence humaine vaut par les fruits qu'elle produit en vue du jugement divin.

L'âme, ou la vie, n'a de prix que par sa destinée, à raison du royaume que Dieu lui offre et qu'elle doit mériter.

Jésus résume tout le devoir dans le précepte de l'amour. Mais cet enseignement n'épuise pas toute la morale de l'Évangile et n'en indique pas la sanction dernière. À celui qui lui demande ce qu'il faut faire pour posséder la vie éternelle, c'est-à-dire pour avoir part au royaume des cieux, Jésus répond en énumérant les commandements du décalogue qui ont rapport au prochain ; puis il lui enjoint de le suivre lui-même, après avoir donné tout son bien aux pauvres [29]. L'amour n'est donc pas une fin en soi ; la charité tend au royaume ; elle sacrifie le temporel pour gagner l'éternel.

C'est en vain que l'on s'efforce d'amener le royaume à n'être plus « que le trésor que possède l'âme dans le Dieu éternel et miséricordieux [30] », si l'on entend ce trésor de la possession actuelle de Dieu par la charité. Il faut aimer maintenant pour être assuré de posséder Dieu plus tard, quand apparaîtra la gloire de son règne.

Reste, pour appuyer l'idée d'un royaume purement intérieur et déjà présent, un texte du troisième Évangile, dont l'authenticité n'est pas très sûre, ni le sens très clair. Interrogé par les pharisiens sur le temps où vien-

I. LE ROYAUME DES CIEUX

drait le royaume de Dieu, Jésus leur répondit : « La venue du royaume de Dieu n'est pas matière d'observation. L'on ne dira pas : Il est ici, ou : Il est là. Car le royaume de Dieu est en vous [31] » Cette déclaration ne se lit que dans Luc et fait partie d'un préambule que l'auteur a rédigé pour un discours eschatologique [32] dont la substance a été retenue par Matthieu [33]. Il y a beaucoup de chances pour que ce discours seul appartienne à la source commune des deux Évangiles, et que la parole citée vienne de Luc ou de sa tradition particulière. L'ensemble de cette introduction est dans le style de l'évangéliste, qui crée volontiers la mise en scène des discours qu'il reproduit ; et l'idée du royaume présent ne s'accorde pas bien avec le discours même, qui concerne l'avènement du Fils de l'homme, à moins que l'assertion : « Le royaume de Dieu est en vous », ne doive s'entendre comme une prophétie qui signifierait : « Le royaume de Dieu est tout près de se manifester parmi vous ». Le travail rédactionnel s'accuse en ce que l'on dit du royaume : « Il est ici, ou là », ce qui ne convient qu'au Messie et s'applique en effet à lui deux versets plus loin. Si la parole a été réellement prononcée par Jésus et adressée aux pharisiens, comme le dit l'évangéliste, elle soit peut pas signifier que le royaume de Dieu soit en eux, c'est-à-dire dans leurs âmes ; car ces pharisiens ne croient pas à l'Évangile et n'ont point de part au royaume. Il y aurait bien de la subtilité à sous-entendre une restriction, comme si Jésus voulait dire : « Le royaume de Dieu est tel, qu'il doit se réaliser en vous, pourvu que vous le vouliez et que vous en soyez dignes. » Le sens le plus naturel serait : « Le royaume de Dieu est au milieu de vous », et c'est probablement ainsi que le comprend le rédacteur. Pour être autorisé à soutenir que Jésus l'a entendu dans un sens différent, il faudrait avoir d'autres textes, de sens et d'authenticité indiscutables, où s'exprimerait le caractère intérieur et actuel du royaume. Mais on a vu que ces textes font entièrement défaut, et l'on irait contre les principes les plus élémentaires de la critique en sacrifiant le reste de l'Évangile à l'interprétation douteuse d'un seul passage. Dans les conditions les plus favorables, et l'authenticité de la parole étant admise, on devrait dire que Jésus parle de la présence du royaume dans son commencement, et de sa préparation par l'Évangile.

III

L'historien doit résister à la tentation de moderniser l'idée du royaume. Si le théologien croit devoir l'interpréter, pour l'adapter aux conditions du temps présent, nul ne lui en contestera le droit, pourvu qu'il ne confonde pas son commentaire avec le sens primitif des textes évangéliques. Et ce qui est vrai pour la notion du royaume est vrai pour l'appréciation des rapports de l'Évangile avec les différents aspects de la vie humaine. Rien de plus facile à déterminer historiquement que l'attitude de Jésus à l'égard du monde, des biens terrestres, du droit humain, de la civilisation. La perspective du royaume prochain devait lui inspirer vis-à-vis de toutes ces choses une espèce de dédain, et les textes ne laissent pas le moindre doute sur ses sentiments. Mais, comme on a trouvé moyen de ramener sur lui-même et dans le présent le regard que le Sauveur portait vers l'avenir, on croit également réussir, sinon à l'intéresser positivement à la vie présente, à la question sociale, à l'ordre politique et au progrès humain, du moins à atténuer son indifférence.

On nous dit [34] que l'Évangile n'est pas une prédication de renoncement au monde, mais qu'il combat seulement les richesses, l'inquiétude pour les choses terrestres, et l'égoïsme : la preuve que Jésus n'était pas un ascète, c'est qu'il mangeait et buvait comme tout le monde ; qu'il permet qu'on lui lave les pieds et qu'on verse du parfum sur sa tête ; qu'il laisse les gens qui croient en lui continuer leur métier et leur genre de vie ; qu'il n'a pas organisé le petit groupe de ses disciples en ordre monastique, avec un règlement et des exercices déterminés ; que, plus tard, les apôtres ont proclamé que le travailleur a droit à son salaire, et qu'ils ne se sont pas séparés de leurs femmes ; enfin que l'Évangile est opposé au monde uniquement en ce que son esprit consiste dans l'humilité et la confiance en Dieu, la rémission des péchés et l'amour du prochain.

Il n'est pas contestable, en fait, que Jésus a prêché l'abnégation, sans établir une discipline de renoncement. Mais la distinction absolue que l'on voudrait établir entre l'esprit de détachement et le renoncement effectif, si légitime qu'elle soit en elle-même et pour l'application présente des maximes évangéliques, ne paraît pas fondée en ce qui regarde le sens historique des paroles du Sauveur. La perspective du grand avènement explique pourquoi Jésus ne promulgue aucune prescription proprement disciplinaire ; pourquoi il ne soumet ni lui-même ni les siens à un régime particulier qui aurait eu l'inconvénient de gêner la prédication du royaume ; pourquoi il considère l'Évangile comme un message de joie, incompatible avec les privations corporelles et les jeûnes que s'imposent les pharisiens et les disciples de Jean [35]. Mais la même perspective aide à comprendre aussi pourquoi il exige de tous ceux qui aspirent au royaume, non la disposition à sacrifier éventuellement leurs biens et leurs affections de famille à l'intérêt supérieur du salut, mais à tout quitter immédiatement pour le suivre. Il faut perdre sa vie pour la gagner ; il faut haïr père, mère, femme, enfants, frères et sœurs, pour s'attacher à l'œuvre du royaume ; il faut vendre ses biens et les donner aux pauvres ; il ne s'agit pas seulement d'être exempt d'avarice et de soucis temporels, mais d'abandonner les richesses et les occupations de ce monde. La comparaison des disciples avec les oiseaux du ciel et les fleurs des champs montre que ce n'est pas seulement le souci inquiet pour les besoins corporels, mais le travail même qui est défendu ou déconseillé. Et si l'on doit demander à Dieu le pain quotidien, ce n'est point parce que cette prière ne témoigne que de la confiance en Dieu, sans inquiétude pour soi-même ; c'est que celui qui prie s'en rapporte entièrement à Dieu pour sa propre subsistance. À l'absolu de l'espérance concernant le prochain avènement du royaume des cieux correspondent l'absolu du renoncement exigé pour y être admis, et l'absolu de la confiance dans celui qui nourrit les oiseaux du ciel, et qui doit subvenir à la nécessité des hommes, ses enfants. Qu'un tel programme n'ait pu être imposé en toute rigueur à tous, même pendant le ministère de Jésus, et qu'on y ait dérogé plus encore après lui, nul ne peut s'en étonner ; mais ce n'est pas raison pour introduire dans la pensée du Maître les tempéraments que la force des choses et les conditions réelles de l'existence ont obligé de mettre à son application. Il était également nécessaire au succès de l'Évangile qu'il eût, à son début, ce caractère entier, simple, sans nuance, et qu'on y fît ensuite toutes les modifications réclamées par le changement des circonstances, pour accommoder à la condition d'un monde qui durait ce qui avait été dit à un monde censé près de finir.

M. Harnack [36] n'entend pas être de ceux qui voient avant tout dans l'Évangile une prédication sociale pour le relèvement des classes opprimées, soit qu'ils l'admirent pour ce motif, soit qu'ils le jugent, au contraire, tout à fait chimérique et impraticable. Il n'est pas davantage avec ceux qui représentent le Christ comme un « conservateur », respectueux de la hiérarchie et des fortunes acquises. Il pense que Jésus, tout en regardant la possession des richesses comme un danger pour l'âme, n'a pas souhaité la pauvreté générale comme fondement du royaume céleste, et qu'il s'est efforcé de combattre la misère et de la faire disparaître. Le Christ n'avait pas à donner, et il n'a pas donné de programme économique pour vaincre la pauvreté ; il a fait plus, en indiquant une nouvelle voie sociale dans le précepte de la charité. L'Évangile est socialiste en tant qu'il veut « établir entre les hommes une communauté aussi compréhensive que la vie humaine et aussi profonde que la misère humaine ». Jésus apprécie les nécessités communes de la vie, habitation, nourriture, propreté ; il veut que ces biens essentiels soient procurés à tous ceux qui ne peuvent se les donner ; il semble même avoir entrevu la possibilité d'une société où la richesse n'existerait pas comme propriété privée, dans le sens strict du mot ; mais on doit tenir compte ici de son « eschatologie ».

Ne conviendrait-il pas d'en tenir compte pour tout le reste ? Si Jésus n'a pas voulu la pauvreté générale comme condition du royaume de Dieu, n'est-ce point parce qu'il conçoit le royaume indépendamment de l'état social humain ? On ne peut pas dire qu'il se soit proposé de supprimer la misère, si l'on entend par là qu'il aurait eu la préoccupation constante d'y remédier par la voie régulière d'une sage distribution de secours, recommandée aux détenteurs de la richesse. La disparition de la pauvreté n'est prévue, et l'on peut même dire désirée, que par l'avènement du royaume. Le dépouillement complet qui est exigé du riche importe plus à l'intérêt spirituel de celui-ci qu'au soulagement temporel des pauvres, à qui le royaume est promis. L'idée d'une organisation sociale où les riches veilleraient à ce que nul ne soit sans abri, sans nourriture ou sans vêtement, n'est pas proprement le but de l'Évangile, et il faut une certaine bonne volonté pour trouver que Jésus, en disant que « le Fils de l'homme n'a pas où poser sa tête [37] », souhaite à chacun le domicile que lui-même n'a pas. La vérité historique est que la pensée d'un état social régulièrement constitué selon les principes évangéliques n'existe pas en dehors de la perspective du prochain royaume des cieux, où il n'y aura plus ni pauvres ni riches, où il ne saurait être question de propriété privée ni de propriété collective, et où la félicité divine est le bien commun de tous. Reste seulement la possibilité de tirer de cet idéal du royaume, comme de celui du renoncement, et du précepte de la

I. LE ROYAUME DES CIEUX 41

charité, telles applications qui conviendront à un état donné de la société humaine. Ne cherchons pas querelle aux Franciscains, sous prétexte que Jésus, en ordonnant aux apôtres de vivre de l'Évangile, ne les a pas autorisés à mendier.

Dans ses rapports avec les pouvoirs constitués, le Sauveur a, nous dit-on, combattu « l'Église politique et les pharisiens » ; il avait une autre attitude envers « l'autorité réelle, celle qui porte l'épée ». « Il reconnaissait à cette autorité un droit positif et ne s'y est jamais dérobé. Même la défense du serment ne doit pas s'entendre de façon à inclure le serment devant l'autorité ». César a droit dans l'ordre de son pouvoir purement temporel : qu'on lui paie l'impôt. En soi, ce pouvoir, reposant sur la force, n'appartient pas à l'ordre moral. Les disciples de l'Évangile se garderont bien d'exercer cette puissance de domination ; ils devront savoir que le premier chez eux n'est que le serviteur de tous. Jésus a-t-il rejeté ou consacré « le droit » ? Il semble n'avoir aucune confiance dans la justice humaine, et il exhorte ses disciples à ne pas réclamer « leur droit », à se laisser battre et voler, sans poursuivre la réparation des torts qu'on leur fait. On en a conclu que l'Évangile était la négation de tous les codes, et du droit civil aussi bien que du droit canonique. M. Harnack pense que Jésus n'a eu en vue que les individus, et qu'il ne songe pas au cas d'ennemis extérieurs, ni à l'autorité publique intéressée à maintenir l'ordre, à sauvegarder l'existence et le bien-être des citoyens, ni à une nation attaquée injustement [38].

Une telle lacune dans l'enseignement du Christ ne laisserait pas d'être significative. Mais la façon dont on interprète les textes manque d'exactitude. Jésus recommande à ses disciples, sans la moindre restriction, d'aimer leurs ennemis et de faire du bien à ceux qui les persécutent, de tendre la joue aux soufflets et d'abandonner la tunique à qui veut prendre le manteau. Ni le persécuteur, ni l'insulteur, ni le voleur n'appartiennent à la société des disciples, et ce n'est pas en prévision de leur conversion possible qu'il est prescrit de les supporter ; c'est toujours en vertu de cette suprême indifférence à l'égard des intérêts humains, qui est le fond même de l'Évangile. À quoi bon réclamer un droit dans le temps, quand on est si près de la justice éternelle ? Le royaume des cieux est pour les persécutés. Qu'importe ce qu'on possède, puisque l'on n'a besoin de rien pour participer au règne de Dieu ? C'est dans le même esprit que Jésus traite avec les puissances établies. Il ne conteste pas la légitimité du sacerdoce, mais il sait que l'économie de la Loi va faire place à l'ère messianique. Il n'est pas en révolte contre César, mais il sait que la puissance de l'homme est près de finir. Il n'a pas à se prononcer sur la valeur d'institutions qui ne subsisteront pas dans le royaume des cieux. On suppose fort gratuitement qu'il admettait l'obligation du serment devant les autorités. Quand il a répondu à l'adjuration du grand-prêtre, il ne faisait pas lui-même de serment. Sa manière de considérer tout l'ordre humain et temporel de la société est visiblement inspirée par le sentiment de sa vocation supérieure dans un ordre de choses tout différent, qui doit se substituer à l'organisation passagère et défectueuse, représentée par des hommes injustes, qu'il convient de subir en attendant l'heure de la Providence.

I. LE ROYAUME DES CIEUX

Il s'ensuit que l'Évangile ne contient aucune déclaration formelle pour ou contre la constitution de la société humaine dans le temps. La nécessité d'un droit humain n'est pas à déduire de l'Évangile, non plus que le fondement de ce droit ; l'une et l'autre existent indépendamment de l'Évangile, qui n'est pas appelé à les créer, et qui peut seulement les influencer de son esprit, puisqu'il se trouve n'être pas appelé davantage à les remplacer. On ne voit pas, d'ailleurs, que l'Évangile se soit adressé seulement « à l'homme intérieur qui reste toujours le même ». L'Évangile de Jésus s'adressait à l'homme tout entier, pour l'arracher aux conditions normales de la vie présente. Cet effort violent a pu être indispensable pour fonder le christianisme, et des efforts analogues peuvent être nécessaires encore pour rappeler aux hommes que leur intérêt principal est d'ordre supérieur aux biens du temps. Il n'en est pas moins constant, pour l'historien, que l'Évangile a plutôt fait abstraction du droit humain, de l'économie politique et sociale, qu'il n'a eu l'intention de les régénérer, si ce n'est par la transformation radicale impliquée dans l'idéal du royaume.

Si l'Évangile, observe-t-on pour finir [39], avait eu souci de la science, de l'art et de la civilisation, il serait enchaîné à une forme particulière de la culture humaine et aurait été gêné ensuite dans son développement, comme l'Église romaine l'est maintenant, pour s'être liée à la philosophie, à l'organisation politique et à la culture générale du Moyen Âge. Le progrès intellectuel et la civilisation ne sont pas le tout de l'homme et de l'humanité. Ce qui importe premièrement est le progrès moral, que Jésus a eu conscience de préparer et de garantir efficacement en révélant aux hommes la connaissance du vrai Dieu.

Combien la vérité de l'histoire diffère-t-elle ici encore de la théorie qu'on propose avec tant d'ardeur et de conviction ! L'Église catholique n'est liée à la science et aux formes politiques du Moyen Âge que s'il ne lui plaît pas de s'en dégager. Si l'Évangile n'était lié à aucune forme de science et de civilisation, il a été, par la force des choses, lié au défaut de science et de culture, ce qui n'était pas non plus sans inconvénient. S'il a été plus facile de l'adapter ensuite à différents états de science et de civilisation, il ne lui en est pas moins resté de son origine une sorte de répugnance et de défiance, généralement payées de retour, à l'égard de la civilisation et de la science. L'orthodoxie protestante, fondée sur l'Évangile, est-elle beaucoup moins gênée que l'Église catholique en présence du mouvement moderne ? Il est incontestable que le progrès intellectuel et la civilisation] ne sont pas le but suprême de la vie ni le bien le plus précieux de l'humanité. Mais l'Évangile n'en ignore-t-il pas entièrement la valeur secondaire ?

Il faudrait se contenter de dire qu'il est le condiment sans lequel science et progrès n'élèvent pas réellement l'homme. S'est-on demandé aussi où l'Évangile aurait pu aboutir s'il n'eût pris contact avec la science grecque ? Est-il bien certain que cette alliance n'a aucunement contribué à la conservation de son essence morale ? Cependant, au point de vue de l'Évangile, la science et la civilisation n'étaient pas des biens accessoires ; ce n'était rien, et ce ne pouvait rien être dans la perspective du royaume. Science et civilisation ont donc aussi leur raison d'être indépendamment de l'Évangile, qui n'est pas destiné à les promouvoir, et qui ne peut les suppléer en ce qu'ils ont de positivement utile et de bienfaisant pour l'humanité. L'indépendance de l'Évangile à l'égard des choses de l'intelligence n'est qu'une hypothèse théorique. Dans la réalité de l'histoire, et chez tous ceux qui ont cru ou qui croient, la foi évangélique se teint de l'ignorance ou de la science relatives de ses adeptes.

Quant à la révolution morale que le Christ aurait voulu opérer dans le monde, on ne doit pas se lasser de répéter que Jésus ne l'a pas conçue en dehors du royaume prêt à venir, et qu'il ne l'a point présentée comme une œuvre de lent progrès. La parabole des Ouvriers de la vigne et celle des Talents, que l'on cite pour montrer comment le royaume s'étend sur la terre, n'ont pas cette signification allégorique : la première signifie que le royaume sera donné à ceux qui seront arrivés sur le tard à la foi et à la pratique du bien, tout comme à ceux qui auront appliqué toute leur vie au devoir ; la seconde fait entendre que le royaume n'appartiendra qu'à ceux dont l'existence aura été féconde en fruits de vertu ; les deux se complètent l'une l'autre, mais elles supposent également le royaume à venir, sans l'anticiper dans la vie présente [40]. Enfin ce n'est pas précisément par la connaissance de Dieu que le Christ entend sauver les hommes ; s'adressant aux Juifs, il suppose Dieu connu et ne prétend pas même le leur faire connaître sous un nouvel aspect. Le message de Jésus se renferme dans l'annonce du royaume prochain et l'exhortation à la pénitence pour avoir part au royaume. Tout le reste, qui fait la préoccupation commune de l'humanité, est comme non avenu.

Quelles qu'aient été la valeur intrinsèque et l'efficacité morale de l'espérance dont le Christ a été l'interprète, rien n'était fait, dans le temps même où cette espérance se manifesta, pour la concilier avec toutes les réalités auxquelles elle s'est depuis accommodée. L'œuvre d'adaptation dure encore, et M. Harnack, après bien d'autres, s'est efforcé d'y travailler. Mais il est trop enclin à supposer que l'accord était formé dès le début, ou bien qu'il n'y avait qu'à prendre l'Évangile tel quel, pour l'appliquer à tous les états possibles de l'humanité. Comme l'Évangile était approprié au milieu très spécial où il a vu le jour, il a fallu d'abord le dégager de ses attaches primitives, qui n'étaient point avec les préoccupations de la vie réelle, le souci d'améliorer la condition humaine dans le présent, le droit social et politique, les progrès de la culture, mais avec une sorte d'État violent et anarchique, en dehors de la civilisation alors existante. L'Évangile n'est pas entré dans le monde comme un absolu inconditionné, se résumant en une vérité unique et immuable, mais comme une croyance vivante, concrète et complexe, dont l'évolution procède sans doute de la force intime qui l'a faite durable, mais n'en a pas moins été nécessairement influencée en tout, et dès le principe, par le milieu où elle s'est produite et où elle a grandi. Cette croyance se définit dans l'idée du règne de Dieu. L'idée du Dieu Père n'en est qu'un élément, traditionnel, comme tout le reste, par son origine, et qui a son histoire, comme tout le reste, dans le développement général du christianisme.

I. LE ROYAUME DES CIEUX

1. *Wesen. d. C.* 35.
2. MATTH. IV, 17.
3. MATTH. X, 7.
4. MATTH. XVI, 4 (XII, 39).
5. MATTH. XVII, 12.
6. MATTH. XX, 1-15.
7. LUC, XIV, 16-24.
8. MATTH. XXIV, 43.
9. MATTH. XXIV, 45-51.
10. MATTH. XXV, 1-13.
11. MATTH. XXV, 14-29.
12. LUC, XVI, 1-8.
13. LUC, XVI, 19-25.
14. MARC, XIV, 25.
15. MATTH. XXII, 4.
16. MATTH. XII, 29.
17. MATTH. XII, 28.
18. Cf. MARC, III, 24-27.
19. MATTH. XI, 12.
20. P. 36.
21. P. 40.
22. P. 35.
23. P. 36.
24. MARC, IV, 26-29.
25. P. 42.
26. MARC, VIII, 36.
27. P. 40.
28. LUC, XII, 7.
29. MARC, X, 17-22.
30. P. 49.
31. LUC, XVII, 20-21.
32. LUC, XVII, 22-37.
33. MATTH. XXIV, 23, 26-27, 37-39, 17-18, 40-41, 28.
34. P. 50-56.
35. MARC, II, 19.
36. P. 56-65.
37. MATTH. VIII, 20.
38. P. 65-74.
39. P. 74-78.
40. Cf. *Études évangéliques*, p. 108-110.

II. LE FILS DE DIEU

À une idée très particulière du royaume des cieux doit correspondre une idée aussi particulière de la mission du Sauveur. Le Christ de M. Harnack [1] ne diffère pas seulement, en effet, du Christ de la tradition, mais de l'image que la seule critique des Évangiles pourrait fournir à l'historien de Jésus. Jésus, nous dit-on, est Fils de Dieu en tant que révélateur du Père ; mais le Père seul appartient à l'Évangile ; Jésus s'est cru Messie, mais cette conception judaïque n'est pas autrement liée à celle de la filiation divine ; « c'était la condition nécessaire pour que celui qui avait été intérieurement appelé pût être reconnu dans l'histoire de la religion juive [2] » ; la mort expiatrice de Jésus l'a fait Seigneur, et, quoi que l'on pense des récits de la résurrection, c'est dans le tombeau du Christ qu'est née la foi indestructible en la victoire de l'homme sur la mort et en une vie éternelle.

II. LE FILS DE DIEU

I

« Jésus nous a expliqué très nettement dans un de ses discours comment et pourquoi il s'est dit Fils de Dieu. C'est dans Matthieu, et non dans Jean, qu'est la parole : *Nul ne connaît le Fils si ce n'est le Père, ni le Père si ce n'est le Fils, et celui à qui le Fils le révèle.* La connaissance de Dieu est la sphère de la filiation divine. C'est dans cette connaissance de Dieu que Jésus a appris à regarder comme père, comme son père, l'Être saint qui gouverne le ciel et la terre. C'est pourquoi la conscience qu'il avait d'être le Fils de Dieu n'est pas autre chose que la conséquence pratique de la connaissance qu'il avait de Dieu comme père et comme son père. Si on l'entend bien, la connaissance de Dieu est tout ce qu'implique le nom de Fils. Mais il faut ajouter deux choses : Jésus est convaincu qu'il connaît Dieu comme personne avant lui, et il sait qu'il a pour mission de communiquer à tous les autres, par ses paroles et ses actes, cette connaissance de Dieu et, par là même, la filiation divine [3]. »

Toute cette construction, dont il est superflu de marquer la liaison étroite avec l'idée que M. Harnack a voulu se faire du royaume céleste, est fondée, en dernière analyse, sur un seul texte, dont on a soin de faire ressortir la provenance. C'est un passage des Synoptiques, non de Jean, et qui ne se lit pas seulement dans Matthieu [4], mais aussi dans Luc [5]. Ce texte seul ne devrait pourtant pas servir de base à un examen historique de l'idée qu'on peut, d'après les Évangiles, se faire de la mission que Jésus s'est lui-même attribuée. Il ne se présente pas comme une explication de la filiation divine, mais comme l'expression d'un rapport permanent entre le Père et le Fils. Que ce rapport constitue, à proprement parler, la filiation divine de Jésus, c'est une déduction de théologien, non l'expression d'une doctrine ou d'un sentiment que Jésus lui-même aurait formulés.

L'on trouverait sans peine, dans les Évangiles, plus d'un passage d'où il résulte que le titre de Fils de Dieu était pour les Juifs, pour les disciples et pour le Sauveur lui-même, l'équivalent de Messie. Il suffit de rappeler les variantes de la confession de Pierre dans les Évangiles synoptiques, et l'interrogatoire de Jésus par le grand prêtre. Dans Marc [6], Pierre dit au Sauveur : « Tu es le Christ » ; dans Matthieu [7] : « Tu es le Christ, le Fils du Dieu vivant » ; dans Luc [8] : « Tu es le Christ de Dieu ». Dans le second Évangile [9], Caïphe dit à Jésus : « Es-tu le Christ, le Fils du Béni ? » ; dans le premier [10] : « Je t'adjure par le Dieu vivant de nous dire si tu es le Christ, le Fils de Dieu » ; dans le troisième [11], les prêtres demandent d'abord à Jésus s'il est le Christ, et, parce qu'il n'a pas répondu directement, ils reprennent la même question sous la forme : « Tu es donc le Fils de Dieu ? ». À quoi Jésus répond affirmativement, comme dans les deux autres Synoptiques. Quel qu'ait pu être le travail intérieur qui a produit cette conscience de la filiation divine, il est sûr que tous ceux qui ont entendu Jésus, amis ou ennemis, l'ont identifiée à la conscience ou à la prétention messianique. Il est assez téméraire aujourd'hui de soutenir que la signification essentielle du titre de Fils de Dieu était autre pour le Christ lui-même, et que son objet propre était la connaissance de Dieu comme père.

Le texte cité, pris dans son sens naturel, prouverait

II. LE FILS DE DIEU

tout autre chose que ce que l'on veut. Il vient à la suite d'une prière que Jésus adresse à Dieu, au « Père, Seigneur du ciel et de la terre » ; car, dans la pensée du Christ, l'idée du Dieu Père est liée nécessairement à celle du Maître souverain de l'univers. Le Sauveur ajoute que « tout lui a été confié par » son « Père ». Dans la rigueur des termes, ces paroles ne conviennent qu'au Christ glorieux, et le rédacteur du premier Évangile en attribuera de toutes semblables au Sauveur ressuscité [12]. Ce n'est pas sans les violenter qu'on en limite l'application aux choses que Jésus aurait apprises du Père, à la révélation qu'il serait chargé d'apporter aux hommes. On veut trouver le principal de cette révélation dans la connaissance que le Fils a du Dieu bon. Mais il est évident que le texte n'a pas été conçu pour faire valoir une telle idée. Est-ce que le Père, qui seul connaît le Fils, comme le Fils seul connaît le Père, aurait aussi reçu du Fils une révélation dont il serait l'interprète, et ne serait-il Père que pour avoir connu le Fils ? Y aurait-il une religion du Fils que le Père devrait prêcher, comme le Fils doit prêcher celle du Père ? Il s'agit visiblement d'un rapport transcendant, d'où ressort la haute dignité du Christ, et non d'une réalité psychologique, dont on ne voit pas la possibilité par rapport à Dieu. Père et Fils ne sont pas ici des termes purement religieux, mais déjà des termes métaphysiques, théologiques, et la spéculation dogmatique a pu s'en emparer sans en modifier beaucoup le sens.

Il n'y a qu'un Père et qu'un Fils, constitués, en quelque façon par la connaissance qu'ils ont l'un de l'autre, entités absolues dont le rapport aussi est absolu. L'intention du passage n'est pas tant d'expliquer comment Jésus est Fils de Dieu, que de relever la personne du Christ en l'identifiant, comme Fils, à la Sagesse éternelle, que Dieu seul connaît à fond, bien qu'elle se révèle aux hommes, et qui seule aussi possède et représente la pleine connaissance de Dieu, bien qu'elle le révèle à ses créatures. La parole évangélique a donc une tout autre portée qu'il ne faudrait pour la thèse de la filiation acquise à Jésus, dans le temps, par la connaissance du Père.

D'autre part, et pour l'historien, elle prouve beaucoup moins, parce qu'il est difficile d'y voir l'expression littéralement exacte d'une déclaration faite par le Christ devant ses disciples. Elle se trouve dans une sorte de psaume où l'influence de la prière qui termine le livre de l'Ecclésiastique [13] se reconnaît pour l'ensemble et en plusieurs détails. De part et d'autre on commence par la louange de Dieu, et l'on emploie, avec une préférence marquée, le nom de Père [14] ; à l'éloge de la Sagesse correspond la déclaration concernant la connaissance réciproque du Père et du Fils ; l'appel du Christ aux petits et à ceux qui peinent en ce monde semble s'inspirer de l'invitation que la Sagesse adresse aux ignorants, dans la dernière partie de la prière de Ben-Sira. Ces affinités ne sont pas fortuites, et comme il est malaisé d'admettre que Jésus, dans une oraison ou un discours tout spontanés, ait voulu imiter l'Ecclésiastique ; comme la pièce entière accuse un rythme assez analogue à celui des cantiques reproduits dans les premiers chapitres de Luc ; comme on trouve un autre passage, en Matthieu, où le Christ paraît avoir été identifié à la Sagesse divine [15], il est assez probable que, nonobstant sa présence dans deux Évangiles, le morceau où se trouve le texte allégué par M. Harnack est, au moins dans sa forme actuelle, un produit de la tradition chrétienne des premiers temps. C'est toujours un témoignage considérable en ce qui concerne l'évolution de la christologie au premier âge de l'Église, mais un critique ne devrait l'utiliser qu'avec la plus grande réserve, quand il s'agit de fixer l'idée que le Christ enseignant a pu donner de sa personne, de sa filiation divine et de sa mission.

Ainsi donc le texte sur lequel M. Harnack a fondé sa théorie du Fils de Dieu n'est pas plus indiscutable et ne favorise pas plus sa thèse que celui où il trouve définie la notion du royaume de Dieu dans le cœur de l'homme. Pas plus que celle du royaume, l'idée évangélique du Fils de Dieu n'est une notion psychologique, signifiant un rapport de l'âme avec Dieu. Rien absolument ne prouve, et même le texte cité ne dit pas que Jésus soit devenu Fils parce qu'il aurait le premier connu Dieu comme père. Le rédacteur évangélique n'entend nullement signifier que Dieu n'était pas connu comme père avant la venue de Jésus ; il veut dire, et il dit très clairement, que le Christ, le Fils, est seul à connaître parfaitement Dieu, le Père, et cela parce qu'il est Fils, tout comme le Père, Dieu, est seul à connaître parfaitement le Christ son Fils, et cela parce qu'il est le Père, parce qu'il est Dieu. Le fond de la pensée est le même que dans le passage de Jean [16] : « Nul n'a jamais vu Dieu ; le Fils unique, qui est dans le sein du Père, l'a révélé. » La connaissance propre du Fils a pour objet Dieu comme tel, et elle ne concerne pas uniquement la bonté de Dieu, comme si les auditeurs de Jésus avaient eu besoin qu'on leur apprît que

Dieu était leur père. Une pareille idée est aussi étrangère aux évangélistes qu'elle l'a été au Sauveur lui-même. C'est une explication artificielle et superficielle de la filiation divine de Jésus.

Le problème de la conscience messianique est à résoudre par d'autres moyens, et sans renvoyer à l'arrière-plan l'idée du Messie. Il est tout à fait curieux de voir comment certains théologiens protestants sont embarrassés de cette notion « juive », qu'ils élimineraient volontiers de l'Évangile de Jésus et attribueraient à la tradition apostolique, pour se faire un Christ selon leur cœur. Quelques-uns ont déjà soutenu que le Sauveur lui-même ne s'était pas cru Messie, et que la foi des disciples à la résurrection l'avait rendu tel dans leur esprit et pour la tradition ultérieure. M. Harnack ne va pas si loin. Son Christ, le Fils révélateur de la bonté divine, a l'air de prendre la qualité de Messie comme une sorte de costume ou de déguisement dont il a besoin pour traiter avec les Juifs ; mais la conscience d'être Fils de Dieu aurait précédé en lui la conscience d'être le Messie. Il faudrait voir seulement sur quelle base historique repose ce dédoublement, et si ce ne serait pas une pure hypothèse. Deux questions inégalement claires, ou inégalement obscures, sont ici à distinguer : celle de ce que Jésus croyait être et a déclaré qu'il était ; celle du travail intérieur qui l'avait amené à cette conclusion. Sur le premier point, la discussion critique des sources évangéliques peut fournir des indications suffisamment certaines. Sur le second, on ne peut faire que des conjectures, d'après ce que l'on sait du premier.

Ce n'est pas sans quelque apparence de raison que l'on a pu contester que Jésus se soit lui-même regardé

II. LE FILS DE DIEU

comme Messie. Avec l'idée confuse que l'on avait et que l'on a souvent encore du royaume céleste, on n'avait et l'on n'a qu'une idée aussi vague du Messie ; et comme on a cru sortir des contradictions que l'on trouvait à l'idée du royaume, en niant ce qu'elle a de moins satisfaisant pour l'esprit moderne, à savoir son caractère eschatologique, on a pensé également échapper aux difficultés que présente l'idée messianique, en la supprimant ou en la subordonnant entièrement à l'idée que l'on se faisait du Fils de Dieu. Le témoignage évangélique paraît, en effet, assez déconcertant. La préoccupation qu'ont les narrateurs de prouver que Jésus était le Messie, invite tout d'abord le critique à chercher si le point de vue des évangélistes est entièrement conforme à la réalité. En beaucoup de détails, l'intérêt apologétique ou simplement didactique a influencé la rédaction des discours et des faits. Mais cette tendance toute naturelle ne serait pas suspecte si l'attitude même que les récits prêtent au Sauveur ne semblait d'abord inexplicable. Jésus ne s'avouait pas Messie dans sa prédication ; il faisait taire les possédés qui le proclamaient Fils de Dieu ; aussi bien le peuple ne s'avisait-il pas qu'il pût avoir cette mission ; l'on faisait à son sujet les hypothèses les plus extravagantes [17], sans soupçonner la vérité ; les disciples seuls pensèrent qu'il était le Christ, et finirent par le déclarer, dans une circonstance particulière, par la bouche de Simon ; le Maître leur défendit d'en parler à d'autres, si bien qu'il faut aller jusqu'à la fin de sa carrière, et l'on peut dire à son dernier jour, pour trouver l'aveu public de sa dignité ; il est vrai que, depuis la confession de Simon-Pierre, Jésus est censé avoir entretenu plusieurs fois ses disciples du sort qui l'attendait en tant que Messie ; mais l'énoncé général de ces discours, où n'apparaît aucune sentence formellement retenue comme parole du Seigneur, étant calqué sur les faits accomplis et sur le thème de la prédication chrétienne primitive, une telle assertion complique la difficulté plutôt qu'elle ne l'éclaircit. Tout ce qui regarde la messianité de Jésus n'appartiendrait-il pas à la tradition, et la prétendue réserve du Sauveur n'aurait-elle pas été un silence absolu, beaucoup plus facile à concevoir que la situation équivoque décrite par les évangélistes ?

L'équivoque n'existe pas réellement, si l'on entend bien ce que le nom de Messie a signifié pour Jésus, comme pour ses contemporains. Il paraît indubitable que le Sauveur a été condamné à mort pour avoir affecté des prétentions à la royauté d'Israël, c'est-à-dire au rôle de Messie, puisque son action n'avait rien de politique. Mais, autant qu'on en peut juger d'après les souvenirs traditionnels, ce point même ne put être établi que par son aveu devant le grand prêtre d'abord, puis devant Pilate. Pas plus à Jérusalem qu'en Galilée, Jésus n'avait dit ouvertement qu'il était le Christ Fils de Dieu. Seulement, à Jérusalem, il avait laissé voir où tendait sa prédication, et quelle place il revendiquait pour lui-même dans le royaume annoncé. Il avait donc conscience d'être le Messie, quand il quitta la Galilée, et la confession de Pierre, dont on n'a, par ailleurs, aucun motif de suspecter l'historicité, vient éclairer la situation. La conviction des disciples n'était sans doute pas ancienne quand elle s'est exprimée par la bouche de Simon ; mais rien n'empêche d'admettre que Jésus lui-même, lorsqu'il a commencé à prêcher l'Évangile,

II. LE FILS DE DIEU

ne se considérait pas simplement comme le messager ou le prophète du royaume ; il pensait en être l'agent principal et le chef prédestiné. Là est la clef de la singularité qui se remarque dans son attitude. Comme le royaume est essentiellement à venir, le rôle du Messie est essentiellement eschatologique. Le Christ est le président de la société des élus. Le ministère de Jésus n'était que préliminaire au royaume des cieux et au rôle propre du Messie. En un sens, Jésus était le Messie, et en un autre sens, il ne l'était pas encore. Il l'était, en tant qu'appelé personnellement à régir la nouvelle Jérusalem. Il ne l'était pas encore, puisque la nouvelle Jérusalem n'existait pas, et que le pouvoir messianique n'avait pas lieu de s'exercer. Jésus avait donc devant lui la perspective de son propre avènement. La question de Jean-Baptiste [18] : « Es-tu celui qui vient ? » est ainsi facile à entendre, et pareillement la réponse de Jésus, dont le caractère indirect et la réserve calculée ne sont point dus à la modestie du Sauveur, mais imposés par la condition actuelle du royaume. Jean ne dit pas : « Es-tu le Christ ? » parce que le royaume n'est pas réalisé, et que Jésus n'est pas dans le rôle du Messie. Il demande plutôt si Jésus ne va pas être le Christ ; et Jésus lui répond de façon à lui faire entendre que celui qui prépare effectivement la venue du royaume est celui qui doit venir avec le royaume. Quand Pierre dit : « Tu es le Christ », il ne signifie pas que le Sauveur soit déjà dans l'exercice de la fonction messianique, mais qu'il est la personne désignée pour cette fonction. Ainsi l'entend Caïphe, et le discours que Jésus lui adresse n'est vraiment intelligible que dans cette hypothèse. Le Sauveur avoue qu'il est le Christ ; mais, pour expliquer son assertion, il ajoute aussitôt : « Et vous verrez le Fils de l'homme, assis à la droite de la Puissance », c'est-à-dire de Dieu, « et venant sur les nuées du ciel [19] ». C'est précisément cette place d'honneur, et cet avènement sur les nuées, qui caractérisent le Messie. Jésus déclare qu'il est le Fils de l'homme qui doit venir. On comprend aisément pourquoi il n'a voulu avouer sa qualité que le jour de sa mort, et l'on voit en quel sens il l'avoue. Il n'avait pas lieu d'en faire profession auparavant, non seulement parce qu'on ne l'aurait pas cru, ou qu'il se serait exposé immédiatement à la vindicte des pouvoirs publics, mais parce qu'il ne le pouvait pas, sa prédication n'étant pas la fonction du Messie, et son avènement comme Christ ne devant se produire que plus tard, au moment fixé par la Providence. On comprend de même que l'Église apostolique ait enseigné que Jésus était devenu Christ et Seigneur par la résurrection, c'est-à-dire par son entrée dans la gloire céleste, et qu'elle ait en même temps attendu sa venue, c'est-à-dire son avènement comme Christ, et non son retour, son ministère terrestre n'étant pas encore envisagé comme un avènement messianique.

Quant à l'origine de la conscience messianique dans l'âme de Jésus, on ne peut la déduire sûrement des textes. La tradition la plus ancienne paraît l'avoir expliquée ou figurée au moyen d'une révélation qui se serait produite à l'occasion du baptême dans le Jourdain. Il peut y avoir là un effet de perspective, bien que cette circonstance du baptême ait marqué sans doute un moment décisif dans la carrière du Sauveur. En tout cas, la distinction que l'on voudrait introduire entre la conscience filiale et la conscience messianique est abso-

II. LE FILS DE DIEU

lument gratuite. La tradition primitive ne l'a pas soupçonnée ; et la critique moderne, si un intérêt théologique n'avait été en jeu, ne l'aurait peut-être pas soupçonnée davantage. Autre chose, en effet, est le sentiment filial qui inspire la vie intérieure de Jésus, et autre chose la conscience réfléchie de son rôle providentiel. Ce n'est pas le sentiment qui fait de Jésus le Fils de Dieu en un sens qui n'appartient qu'à lui : tous les hommes qui disent à Dieu : « Notre Père », sont fils de Dieu au même titre, et Jésus ne serait que l'un d'entre eux, s'il ne s'agissait que de connaître la bonté divine et de s'y confier. Le critique peut conjecturer que le sentiment filial a précédé et préparé la conscience messianique, l'âme de Jésus s'étant élevée par la prière, la confiance et l'amour, au plus haut degré d'union avec Dieu, en sorte que l'idée de la vocation messianique a couronné comme naturellement ce travail intérieur ; mais en tant que le titre de Fils de Dieu appartient exclusivement au Sauveur, il équivaut à celui de Messie, et il se fonde sur la qualité de Messie ; il appartient à Jésus, non à raison de ses dispositions intimes et de ses expériences religieuses, mais à raison de sa fonction providentielle, et comme à l'unique agent du royaume, céleste. Il faut reconnaître, d'ailleurs, que les textes ne permettent pas d'analyser psychologiquement la notion du Fils de Dieu. Jésus se dit Fils unique de Dieu dans la mesure où il s'avoue Messie. L'historien en conclura, hypothétiquement, qu'il se croyait Fils de Dieu depuis qu'il se croyait Messie. L'idée de la filiation divine était liée à celle du royaume ; elle n'a de signification propre, en ce qui regarde Jésus, que par rapport au royaume à instituer.

Même pour ceux qui croient à l'Évangile, la qualité d'enfants de Dieu n'est pas sans rapport avec l'espérance du royaume que le Père leur a destiné. À plus forte raison quand il s'agit de l'unique ordonnateur du royaume. Celui-là est le Fils par excellence, non parce qu'il a appris à connaître et qu'il a révélé la bonté du Père, mais parce qu'il est l'unique vicaire de Dieu pour le royaume des cieux.

II

Dire que le Père seul, et non le Fils, appartient à l'Évangile de Jésus [20] est donc définir inexactement l'enseignement du Sauveur et le rapport de l'idée de filiation avec celle du royaume. Si l'Évangile n'est que la révélation de la bonté divine, on conçoit que la qualité du révélateur ne soit pas formellement comprise dans l'Évangile. Mais comme « la bonne nouvelle », ainsi que le nom même l'indique, et que l'enseignement de Jésus le prouve, est proprement l'annonce du grand avènement, l'annonce du royaume céleste, le Fils de Dieu est objet d'Évangile en tant que le Christ importe au royaume ; et l'on ne peut pas soutenir que la notion évangélique du royaume se constitue out entière sans le Christ. La personne de Jean-Baptiste restait en dehors du royaume qu'il prêchait, parce que Jean-Baptiste n'en était que le prophète. Tout autre est la situation de Jésus. S'il parle peu de lui-même dans sa prédication, c'est que son enseignement n'a pour objet direct que la préparation morale de ceux qui voudront accepter la promesse divine, et qu'il ne fait jamais la description du bonheur à venir. Il ne s'en réserve pas moins un rôle essentiel et une place unique dans l'avènement et l'institution du royaume. Qu'est-ce que l'avènement du règne de Dieu ? Le Fils de l'homme apparaissant sur les nuées du ciel. Quelle place revient à Jésus dans le règne de Dieu ? La première, et les disciples se disputent même l'honneur d'occuper les sièges qui seront à sa droite et à sa gauche [21]. Il n'est pas question d'une doctrine à professer touchant sa personne et son rôle. Jésus qui n'a énoncé aucune formule dogmatique sur le royaume, n'en a pas énoncé non plus sur lui-même. Il n'en prêche pas moins le royaume, et le Messie avec le royaume. Ceux qui croyaient à son message croyaient aussi à sa mission, et sa grandeur devait leur être manifestée avec le royaume promis. Il était bien superflu d'en étaler par avance la définition théorique. On ne se douterait jamais, en lisant l'Évangile, que Jésus demande que l'on croie seulement à la bonté de Dieu, sans s'inquiéter autrement de l'avenir ni de lui-même. Au lieu d'avancer un paradoxe en affirmant que celui qui tient Jésus pour Fils de Dieu ajoute quelque chose à l'Évangile [22], on risque seulement de commettre un contresens d'ensemble sur la prédication du Christ.

C'est sa propre religion, non celle de l'Évangile, que M. Harnack expose et défend quand il proclame que « Dieu et l'âme, l'âme et son Dieu sont tout le contenu de l'Évangile [23] ». L'Évangile historique n'a pas cette couleur mystique et individualiste. Pour le contraindre à prendre cette forme, le théologien protestant peut avoir ses motifs, ou plutôt il a sa foi, plus puissante que tout motif, et qui le dispense d'en chercher. L'historien ne voit pas la raison de cette violence. Il ne comprend pas davantage où va l'argument déduit de ce que l'on ferait une hypothèse désespérée en supposant que, dans la pensée de Jésus, sa prédication serait quelque chose de provisoire, où tout devrait changer de sens, après sa mort et sa résurrection, et dont une partie même serait à négliger un jour comme n'ayant plus de valeur. L'hypothèse, en effet, serait sans signification pour l'historien ; mais ce n'est pas l'historien qui en a besoin. C'est le théologien qui peut être tenté de s'en servir, et M. Harnack n'échappe à la nécessité de cette conjecture qu'en usant d'un moyen moins acceptable encore. Il est certain que le Christ évangélique n'a pas fait deux parts dans son enseignement, l'une comprenant ce qui aurait une valeur absolue, et l'autre ce qui aurait une valeur relative, pour l'adaptation au présent. Jésus parlait pour dire ce qu'il pensait vrai, sans le moindre égard à nos catégories d'absolu et de relatif. Mais qui donc a distingué, dans la notion du royaume, l'idée du royaume intérieur, qui aurait une valeur absolue, et l'idée du royaume à venir, qui n'aurait eu qu'une valeur relative ? Qui donc a trouvé, dans la conscience filiale du Christ, un élément de portée universelle, la connaissance du Dieu Père, et un élément juif, dont l'unique avantage était de situer Jésus dans l'histoire, et qui était l'idée du Messie ? Ce peut être une hypothèse gratuite, au point de vue historique, d'attribuer à Jésus la prévision des modifications que sa doctrine devait subir au cours des siècles, et dès l'âge apostolique ; mais il est bien plus arbitraire de limiter, malgré l'Évangile, cet enseignement à un seul point qui n'y est pas formellement enseigné, qui n'est pas l'Évangile, comme si ce point unique représentait tout ce que Jésus a pensé, tout ce qu'il a voulu, tout ce qu'il a fait. En disant que les individus entendront la bonne nouvelle de la miséricorde et de la paternité divines, et décideront s'ils veulent se mettre du côté de Dieu ou du côté du monde, on ne résume pas l'Évangile, on en change tout simplement l'objet, attendu que Jésus, en réalité, promettait le royaume céleste au pécheur repentant, et qu'il s'agissait pour ses auditeurs de recevoir ou de rejeter cette espérance. Celui qui veut déterminer historiquement la pensée du Sauveur n'a pas à y chercher d'abord ce qui peut agréer à l'homme de nos jours et ce qui serait censé n'avoir pas changé, mais il n'a qu'à prendre les textes, pour les interpréter selon leur sens naturel et les garanties d'authenticité qu'ils présentent. On fait, d'ailleurs, illusion au lecteur en laissant entendre que l'idée du Dieu Père est, pour le théologien moderne, entièrement identique à celle de l'Évangile, et qu'il ne peut y avoir de vrai dans l'enseignement de Jésus que ce qui n'a pas changé. Tout l'ensemble des conceptions chrétiennes ayant été en perpétuel mouvement depuis l'origine, il n'est pas possible et il n'est pas vrai que celle-là soit restée immuable et constitue le noyau absolu de la prédication évangélique. Tout développement de l'idée de Dieu a exercé et exercera une influence sur la façon de se représenter sa paternité.

Rien ne sert d'employer les formules traditionnelles : « chemin qui conduit au Père, juge établi par le Père [24] », si on les vide de leur sens. Si l'on veut que Jésus soit la voie, parce qu'il apporte aux hommes la connaissance de Dieu et les aide à trouver le Père, il faut bien dire que tel n'est pas le trait caractéristique de la mission du Sauveur, qui peut bien être, dans le présent, une mission d'enseignement, mais qui est autre dans l'avenir, et qui, au fond, dans son unité providentielle et logique, est celle d'agent introducteur et chef du royaume. Et si l'on entend le rôle du Christ juge en ce sens que sa prédication est « le signe critique », parce qu'elle « rend heureux et elle juge en même temps [25] », on ramène à une conception purement morale et abstraite ce qui était dans l'Évangile une espérance concrète et objective. Il peut être beau de dire que Jésus a été « la réalisation personnelle de l'Évangile [26] » ; mais si l'on entend par là que Jésus a réalisé la connaissance parfaite du Dieu bon, l'on définit arbitrairement sa mission, et l'on ne sort pas du même cercle de théologie systématique. On a l'air de vouloir à tout prix restreindre le rôle du Christ, qui est universel par l'action et non seulement par l'idée, objectif et eschatologique, à la mesure d'une initiative individuelle, pour la communication d'une vérité sentie intérieurement et qui produit dès maintenant tout son effet bienfaisant.

Il est parfaitement vrai que l'Évangile ne contient aucun enseignement théorique, mais on ne peut pas dire qu'il ait pour seul dogme la vérité du Dieu Père [27]. Bien d'autres choses sont enseignées dans l'Évangile aussi explicitement et avec autant d'assurance que la paternité de Dieu, et d'abord la réalité du royaume à venir, la certitude du message évangélique concernant le royaume, et la mission de celui qui l'annonce.

La foi à la bonté de Dieu n'est pas conçue indépendamment de la foi à sa promesse, au royaume et au Christ, agent du royaume. La question de la christologie ne se confond nullement avec la foi au Christ. Si Jésus n'a pas enseigné de doctrine christologique, il ne s'ensuit pas que sa prédication et la foi qu'on y pouvait avoir n'eussent aucun rapport avec la foi à sa personne. N'ayant pas à se dire Messie et n'annonçant que le royaume prochain, Jésus ne demandait la foi à sa mission que dans la foi à son message, à la promesse du royaume. Mais il allait de soi que, lors du grand avènement, tous les élus devraient saluer le Sauveur par le cri messianique : « Béni soit celui qui vient au nom du Seigneur [28]. »

L'Évangile tout entier était lié à une conception du monde et de l'histoire qui n'est plus la nôtre, et c'est l'Évangile tout entier, non seulement sa prétendue essence, qui n'y était pas lié « inséparablement [29] ». La preuve de cette assertion n'est pas à chercher dans une possibilité abstraite, mais dans les faits : puisque l'Évangile s'est détaché peu à peu de ses formes originelles, il est permis d'affirmer que celles-ci étaient passagères, et que l'Évangile n'était pas inséparablement associé aux conceptions dont ces formes portaient la marque, Du reste, ce n'est pas la foi au Dieu Père, plus que l'espérance du règne de justice, dont on peut dire qu'elle est « sans époque, comme l'homme [30] ». L'homme n'est pas sans époque ; il est de toutes les époques, et il change plus ou moins avec elles. L'Évangile n'a pas été adressé à l'homme abstrait, sans époque, immuable, et qui n'a jamais existé que dans l'esprit des théoriciens, mais à des hommes réels, qui se sont succédé dans le temps et auxquels il ne pouvait manquer de s'accommoder. La parole sur la bonté de Dieu, qui est disposé à nourrir les hommes comme il nourrit les passereaux, n'est guère plus susceptible aujourd'hui d'interprétation littérale que celle qui promet à la génération contemporaine de Jésus le spectacle du grand avènement. Est-il même si facile de se représenter Dieu pardonnant, d'après l'attitude du père qui célèbre le retour de son enfant égaré ? N'avons-nous pas, avec le même esprit de confiance, une idée assez différente de la Providence, de ses moyens d'action et de sa bonté ? C'est une philosophie bien chétive que celle qui prétend fixer l'absolu dans un morceau d'activité humaine, intellectuelle ou morale. La pleine vie de l'Évangile n'est pas dans un seul élément de la doctrine de Jésus, mais elle réside dans la totalité de sa manifestation, qui a son point de départ dans le ministère personnel du Christ, et son développement dans l'histoire du christianisme. Tout ce qui est entré dans l'Évangile de Jésus est entré dans la tradition chrétienne. Ce qui est vraiment évangélique dans le christianisme d'aujourd'hui n'est pas ce qui n'a jamais changé, car, en un sens, tout a changé et n'a jamais cessé de changer ; mais ce qui, nonobstant tous les changements extérieurs, procède de l'impulsion donnée par le Christ, s'inspire de son esprit, sert le même idéal et la même espérance.

III

On sait la place que la mort et la résurrection du Christ tiennent dans l'enseignement de saint Paul : elles constituent pour l'Apôtre le véritable Évangile du salut, parce qu'elles ont amené le royaume de Dieu, en procurant à Jésus la gloire messianique, et, par Jésus, à ses fidèles, l'esprit de Dieu dans la communion au Christ glorifié. M. Harnack écrit [31] : « On doit tenir pour certain que l'apôtre Paul n'a pas été le premier à

II. LE FILS DE DIEU

mettre en relief l'idée de la mort du Christ et celle de sa résurrection, mais que, en faisant valoir l'une et l'autre, il se plaçait sur le même terrain que la communauté primitive. » Peut-être y a-t-il une équivoque dans cette affirmation. La première communauté n'ignorait pas que le Christ était mort sur la croix, et elle a cru, avant Paul, qu'il était ressuscité ; mais cette mort et cette résurrection pouvaient donner lieu à des considérations différentes, qu'il ne faut pas attribuer indistinctement aux premiers croyants, ou à Jésus lui-même, et à l'Apôtre des gentils. La parole de Paul aux Corinthiens [32] : « Je vous ai transmis ce que j'ai reçu moi-même, à savoir que le Christ est mort pour nos péchés [33], et qu'il est ressuscité le troisième jour », ne garantit aucunement que l'idée de la mort expiatrice ait existé, dès l'origine, avec la netteté que lui donne l'enseignement paulinien, et qu'elle ait contribué, au même degré que celle de la résurrection, à fonder la christologie.

Autant qu'on en peut juger d'après des témoignages qui ont subi plus ou moins l'influence de la théologie paulinienne, ce fut la résurrection seule qui fit le Christ et l'établit sur son trône de gloire ; la mort n'était que la condition providentielle de la résurrection, condition voulue de Dieu, acceptée par Jésus. Il ne faut pas trop insister sur ce que la mort du Christ a mis fin aux sacrifices sanglants [34] ; car l'idée de la mort expiatrice n'a pas contribué seule ni principalement à ce résultat. Les Juifs n'offraient de sacrifices qu'à Jérusalem, et les disciples de l'Évangile n'auraient pu songer à en offrir ailleurs ; leur séparation d'avec les Juifs, et la destruction du temple ont eu pour eux une conséquence qui est acquise aussi bien pour les Israélites. On peut penser que l'idée morale du sacrifice devait en éliminer finalement la réalité physique ; mais les faits y ont contribué d'abord plus que l'idée, et il n'est pas rigoureusement vrai de dire que l'une a remplacé l'autre. C'est aussi jouant quelque peu sur le double sens du mot « sacrifice », que l'on parle, a ce propos, de la loi qui veut que le progrès, dans l'humanité, s'achète par la souffrance et souvent la mort de ceux qui y contribuent le plus efficacement [35].

Entre l'homme qui meurt victime de sa destinée, ou plutôt de la résistance que la force d'inertie oppose à la force de mouvement, et l'agneau, le bouc, ou même l'être humain, victimes immolées à une divinité pour mériter sa faveur, il n'y a qu'une analogie qui explique l'emploi du même vocabulaire, mais dont l'historien ne doit pas être dupe. Quant à l'idée que, le mal et le péché réclamant un châtiment, il y a dans la souffrance du juste une expiation qui purifie [36], elle est comme intermédiaire entre la notion matérielle du sacrifice et sa notion purement spirituelle, conforme à la première par l'idée de satisfaction expiatoire, touchant à la seconde par l'élément moral qu'elle contient ; c'est une conception symbolique où il ne faut pas trop se presser de voir l'expression d'une vérité absolue, indestructible, sous cette forme particulière, dans la conscience des hommes. Cette conception mixte est dans le second Isaïe ; il n'est pas autrement prouvé qu'elle appartienne à l'enseignement de Jésus et à la foi de la première communauté. Le passage de Marc [37] où on lit que le Christ est venu « donner sa vie en rançon pour beaucoup » a toute chance d'avoir été influencé par la théologie de Paul, et l'on peut en dire autant des récits de la der-

II. LE FILS DE DIEU

nière cène. Il semble que, selon le texte primitif de saint Luc [38], Jésus présente le calice et le pain à ses disciples, en envisageant la perspective de sa mort imminente et de sa réunion future avec les siens dans le royaume de Dieu, mais sans faire ressortir le caractère expiatoire et l'intention rédemptrice de sa mort. Le récit de Marc paraît fondé sur une relation toute semblable à celle de Luc, où ce qui est dit du « sang de l'alliance » aurait été ajouté d'après l'enseignement de Paul : « Et prenant le calice, après avoir rendu grâces, il le leur donna, et ils en burent tous. Et il leur dit : *Ceci est mon sang de l'alliance, répandu pour plusieurs.* En vérité je vous dis que je ne boirai plus du produit de la vigne, avant le jour où je le boirai nouveau dans le royaume de Dieu [39]. »

Il n'était plus temps de dire : « Ceci est mon sang », après que les disciples avaient bu ; et Matthieu [40] l'a bien senti, car il rattache ces paroles à la présentation de la coupe. Mais le rédacteur du second Évangile n'avait pas voulu déranger l'économie du récit primitif, et il s'était contenté d'associer aux paroles dites après la distribution du calice celles qu'on lisait, dans saint Paul [41], du calice à distribuer. Les premiers croyants corrigeaient le fait brutal de la mort par la gloire de la résurrection. Paul découvre à la mort un sens et une efficacité qui peuvent compter indépendamment de la résurrection, tout en lui étant coordonnés. Mais si Jésus a été proclamé Christ et Seigneur par les premiers disciples, ce n'est point à cause de sa mort, c'est à cause de la résurrection qui l'a introduit dans la gloire de sa vocation messianique [42].

Que « le message de Pâques » et « la foi de

Pâques » soient choses distinctes [43], on doit l'accorder à M. Harnack, bien qu'il soit malaisé de retrouver avec lui cette distinction dans les Évangiles. Le message de Pâques, c'est-à-dire la découverte du tombeau vide et les apparitions de Jésus à ses disciples, en tant que l'on tient ces faits pour des preuves physiques de la résurrection, n'est pas un argument indiscutable et d'où il résulte avec une entière certitude, pour l'historien, que le Sauveur est corporellement ressuscité. Le cas donné ne comportait pas de preuve complète. Le Christ ressuscité n'appartient plus à l'ordre de la vie présente, qui est celui de l'expérience sensible, et par conséquent la résurrection n'est pas un fait qui ait pu être constaté directement et formellement. On peut vérifier la guérison d'un malade, et l'on pourrait, le cas échéant, contrôler le retour d'un mort à la vie naturelle ; mais l'entrée d'un mort dans la vie immortelle se dérobe à l'observation. Le tombeau vide n'est qu'un argument indirect, et non décisif, puisque la disparition du corps, seul fait constaté, admet d'autres explications possibles que la résurrection. Les apparitions sont un argument direct, mais que l'on peut dire incertain dans sa signification. Avant tout examen des récits, il est permis de penser que des impressions sensibles ne sont pas le témoignage adéquat d'une réalité purement surnaturelle. Jésus ressuscité apparaissait et disparaissait à la manière des esprits ; pendant l'apparition, il était visible, palpable, et on pouvait l'entendre comme un homme à l'état naturel. Ce mélange de qualités peut-il inspirer une confiance entière à l'historien qui aborde la question sans foi préalable ? Évidemment non. L'historien réservera son adhésion, parce que la réalité objective des apparitions ne se définit pas pour lui avec une précision suffisante. L'examen critique des récits le confirmera dans son doute, parce qu'il lui sera impossible de reconstituer assez sûrement, d'après les Évangiles et saint Paul, la série des apparitions, selon leur date, avec les circonstances où elles se sont produites. Le fait des apparitions lui semblera incontestable, mais il ne pourra en préciser exactement la nature et la portée. Si on le regarde indépendamment de la foi des apôtres, le témoignage du Nouveau Testament ne fournit qu'une probabilité limitée, et qui ne semblera pas proportionnée à l'importance extraordinaire de l'objet attesté. Mais n'est-il pas inévitable que toute preuve naturelle d'un fait surnaturel soit incomplète et défaillante ?

La foi des apôtres n'est pas le message ; elle va droit au Christ toujours vivant et l'embrasse comme tel. Par rapport à cette foi, la représentation imaginative ou la conception théorique de la résurrection, et le caractère des apparitions sont chose secondaire. Cependant la foi n'est pas indépendante du message. Quoique la critique puisse penser des difficultés et des divergences que présentent les récits concernant la résurrection du Sauveur, il est incontestable que la foi des apôtres a été excitée par les apparitions qui ont suivi la mort de Jésus, et que les apôtres, même saint Paul, n'ont pas eu l'idée d'une immortalité distincte de la résurrection corporelle. Message de Pâques et foi de Pâques ont pour eux le même objet et la même signification. « L'histoire de Thomas est racontée uniquement pour montrer que l'on doit avoir la foi de Pâques, même sans le message de Pâques [44] » ; mais ce qui est la foi de Pâques, dans cette histoire, est précisément l'objet du message ; on doit croire que le Christ est ressuscité, au sens que dit le message, sans avoir vu d'apparition. La même remarque s'applique aux disciples d'Emmaüs : « ils furent blâmés de ce que la foi à la résurrection leur manquait, bien qu'ils n'eussent pas reçu encore le message de Pâques [45] » ; mais il est simplement sous-entendu que, s'ils avaient été intelligents, les Écritures auraient dû leur apprendre ce qui était annoncé dans le message, à savoir que le Christ devait ressusciter le troisième jour après sa mort. La distinction du message et de la foi peut donc être fondée en raison sans être fondée en Évangile. On peut discerner dans la foi un élément fondamental, la croyance au Christ vivant, qui est la substance même de la foi, et sa forme, qui se confond avec l'objet du message.

De savoir si la forme importe à la conservation du fond, c'est un point qu'il n'y a pas lieu d'examiner ici. M. Harnack voudrait garder le fond sans la forme, la foi sans sa preuve, qu'il juge caduque. Peut-être a-t-il eu tort de prendre uniquement pour une preuve ce qui, dans les écrits apostoliques, est, avant tout, une expression de la foi. Si on l'entend de la sorte, le message de Pâques reste le grand témoignage de la foi, et la distinction de la foi et du message n'a plus qu'une signification théorique, sans grande portée religieuse. On ne doit pas opposer la foi, comme un absolu, au message, qui serait relatif ; la foi a vécu et vit encore dans le message, qui est la réalité même de la foi, en tant que celle-ci cherche à se communiquer.

Il y a quelque exagération à congédier Platon, la religion des Perses et les croyances du judaïsme postexilien, comme s'ils n'avaient aidé en rien à créer la

II. LE FILS DE DIEU

certitude de la vie éternelle, et que cette certitude fût uniquement venue de la foi au Christ ressuscité [46]. L'évolution religieuse du judaïsme, dans les temps qui ont précédé immédiatement l'ère chrétienne, n'a pas peu contribué à préparer le terrain où une telle croyance pouvait naître. Jésus lui-même a trouvé chez les Juifs la foi à la résurrection des morts, et il a parlé conformément à cette foi. L'idée de sa résurrection personnelle suppose acquise l'idée de la résurrection commune.

Que la foi à la résurrection du Christ ait donné une impulsion décisive à la croyance ultérieure, on n'en peut disconvenir ; mais l'historien ne doit pas contester le lien de cette foi avec ce qui l'a précédée. On ne peut pas dire non plus que la foi au Christ toujours vivant supporte seule aujourd'hui la foi à l'immortalité. Autre chose est que l'humanité n'ait pas acquis cette foi par des spéculations philosophiques, et autre chose est qu'elle la puise uniquement dans la vie et la mort du Christ à jamais uni à Dieu. L'impression de la vie et de la mort de Jésus serait nulle sur une humanité qui n'aurait pas en elle le désir plus ou moins conscient de tout ce que Jésus lui apporte, et qui n'attendrait pas déjà ce qu'il lui promet. Il est trop facile de dire que les disciples, ayant conversé avec le Sauveur, avaient bien vu qu'il communiquait une vie intense, et ne pouvaient être ébranlés que passagèrement par sa mort. Même cette hypothèse admise, des hommes qui n'auraient pas été familiarisés avec l'idée de la vie éternelle, comme elle se présentait dans la prédication du royaume des cieux, auraient été fort mal préparés à croire que leur Maître était ressuscité. Ajoutons que la vie morale qui émanait de Jésus, et l'immortalité sont deux vies très distinctes, quoique connexes, et que les pêcheurs galiléens auraient malaisément conclu de l'une à l'autre, s'ils n'y avaient été aidés de toute manière.

Dans cette thèse absolue de M. Harnack, comme dans sa conception du royaume des cieux, on reconnaît la tendance à concentrer la religion en un seul point où l'on devrait voir la réalisation du parfait : ce point unique serait la vie éternelle acquise présentement dans l'union avec le Dieu bon. Jésus serait le héraut unique de cette unique révélation, qui reste immuable dans cette forme pure, sans que rien la prépare, et sans qu'elle marche elle-même avec les siècles qui la suivent. À la place du surnaturel qu'il abandonne, et au lieu d'en éclairer la notion, le savant théologien introduit quelque chose d'assez inconsistant, une sorte de révélation humaine et absolue, subite et immuable, qui se serait produite dans la conscience de Jésus, et que l'Évangile ne connaît pas. Le christianisme n'a pas fait ainsi son entrée dans le monde. S'il n'est pas, et tant s'en faut, le produit fatal d'une combinaison de croyances hétérogènes venues de la Chaldée, de l'Égypte, de l'Inde, de la Perse et de la Grèce ; s'il est né de la parole et de l'action incomparables de Jésus, il n'en est pas moins vrai que Jésus a recueilli et vivifié le meilleur du capital religieux amassé avant lui par Israël, et qu'il n'a pas transmis ce capital comme un simple dépôt que les croyants de tous les âges n'auraient qu'à surveiller, mais comme une foi vivante, sous un ensemble de croyances qui, ayant vécu et grandi avant lui, devaient vivre et croître après lui, par l'influence prépondérante de l'esprit dont il les avait animées. Pour être isolé dans l'histoire, le Christ de M. Harnack n'en est pas plus grand ; il est seulement moins intelligible et moins réel [47].

---

1. P. 79-103.
2. P. 89.
3. P. 81.
4. XI, 25-30.
5. X, 21-24.
6. VIII, 29.
7. XVI, 16.
8. IX, 20.
9. XIV, 61.
10. XXVI, 63.
11. XXII, 67-70.
12. Cf. MATTH. XXVIII, 18.
13. LI.
14. Cf. ECCLI. LI, 10 (en lisant : « le Seigneur mon Père », et non « le Seigneur, père de mon Seigneur »).
15. Cf. MATTH. XXIII, 34-36 (passage attribué à la Sagesse, dans LUC, XI. 49-51).
16. I, 18.
17. MARC, VIII, 28.
18. MATTH. XI, 3.
19. MARC, XIV, 62.
20. P. 91.
21. Cf. MARC, X. 35-40.
22. P. 92.
23. P. 90.
24. P. 91.
25. P. 92.
26. P. 91.
27. P. 92.
28. Cf. MATTH. XXIII, 39.
29. P. 94.
30. Ibid.
31. P. 97.
32. 1 COR. XV, 3-4.
33. Saint Paul dit : « selon les Écritures », ce qui montre bien qu'il ne faut pas exagérer le caractère historique de la tradition dont il parle.
34. P. 99.

35. P. 100.
36. P. 100.
37. X, 45.
38. XXII, 18-19, jusqu'aux mots : « Ceci est mon corps » ; la suite du v. 19 et le v. 20 ont été pris de la première Épître aux Corinthiens (XI, 24-25), et semblent avoir été ajoutés après coup.
39. MARC, XIV, 23-25.
40. XXVI, 28-29.
41. I COR. XI, 25.
42. Cf. ACT. II, 23-24.
43. P. 101.
44. *Loc, cit.*
45. *Loc. cit.*
46. P. 102.
47. « Ce que l'on peut imaginer de plus incomparablement unique dans l'ordre spirituel et moral, et au point de vue d'une conception rationnelle du développement humain, ne peut être que le cas de celui en qui les différents éléments qui ont existé auparavant dans l'expérience religieuse des hommes ont été conciliés et amenés à l'unité. Mais celui-là n'est pas, pour autant, placé en dehors du développement ; car une telle concentration de vie et de pensée, si elle est, d'une part, la solution des problèmes de l'humanité, équivaut, d'autre part, ou conduit directement à une façon nouvelle et plus profonde, sinon plus difficile, de les poser. Quand même nous dirions qu'elle contient le principe de solution de toutes ces difficultés, ce ne peut être qu'en germe, comme par un sentiment vague et rudimentaire, exprimé dans des paroles qui peuvent encore être interprétées fort diversement. Bref, cette action unique doit avoir consisté à offrir précisément ce qui était requis dans une crise importante, si vous voulez, dans la crise la plus importante du développement humain. Et nous devons repousser toute autre idée comme dénuée de sens et immorale. Car, à supposer qu'une nourriture spirituelle eût été introduite dans l'esprit de l'humanité incapable de se l'assimiler, elle n'aurait pas été seulement inutile mais fatale à sa croissance. » E. CAIRD, *art. cit.*, p. 6

III. L'ÉGLISE

Quand on a retrouvé l'essence du christianisme dans la foi au Dieu Père, presque tout ce qui a constitué et constitue encore le christianisme historique apparaît nécessairement comme secondaire, ou adventice, étranger et contraire à cette pure essence. Tout le développement hiérarchique, dogmatique et cultuel de l'Église est ainsi placé en dehors du christianisme véritable, et se présente comme un abaissement progressif de la religion. C'est l'idée protestante et anti-catholique poussée à ses dernières conséquences. Mais si le fondement du système, la détermination de l'essence du christianisme, a été fixé en dépit de l'histoire, il y a chance pour que l'édifice qu'il supporte ne soit pas plus solide, et que l'appréciation du développement chrétien justifie la même critique que celle de l'Évangile. Pour l'historien, tout ce en quoi l'Évangile continue de vivre est chrétien, et le critérium pour juger de cette qualité ne peut être une essence abstraite, définie d'après les principes d'une théologie particulière et non d'après les faits.

I

La société du Christ, dit M. Harnack, était quelque chose d'invisible et de céleste, parce que c'était quelque chose d'intérieur. Le christianisme évangélique était comme un esprit sans corps [1]. Lorsqu'il eut rompu avec le judaïsme, il dut se créer des formes de vie et d'abord une organisation sociale : ainsi la préoccupation de ce qui était extérieur se fit jour à côté de la préoccupation de l'unique nécessaire ; et quand on sort de la sphère purement intérieure, il n'y a pas de progrès qui n'ait son revers et qui n'apporte des inconvénients [2]. Vers l'an 200, le christianisme a décidément évolué vers le catholicisme. Une grande société « ecclésiastique s'est établie, rejetant en dehors d'elle quantité de sectes qui se disent aussi chrétiennes ; elle eut constituée par les diverses Églises répandues dans l'empire romain et qui, bien que mutuellement indépendantes, sont en rapport confiant et régulier, organisées intérieurement de la même manière, et professent une doctrine commune où les règles de la discipline se distinguent des règles de la foi.

Chaque Église se considère comme l'organe un culte qui a ses rites solennels, et dont les actes principaux ne peuvent être accomplie que par les prêtres. C'est que le formalisme s'introduit futilement dans les religions qui durent, après que la ferveur d'enthousiasme qui leur a donné naissance est passée ; c'est aussi que « la lutte contre le gnosticisme a forcé l'Église

III. L'ÉGLISE

à exprimer sa doctrine, son culte et sa discipline, dans des formes et des lois fixes, et à exclure quiconque ne s'y soumettait pas [3] ». Grand dommage pour la liberté ! Mais la vie primitive avait disparu. « La médiocrité fonda l'autorité [4]. » Cependant un peut voir par les Actes des martyrs, les écrits de Clément d'Alexandrie et de Tertullien, que l'Église « n'avait pas étouffé l'Évangile [5] ».

L'Église, en Orient comme en Occident, s'est organisée en institution juridique et en administration politique. Toutefois en Orient, le développement hiérarchique n'aboutit qu'à la constitution d'Églises nationales, fortement dépendantes du pouvoir civil. Les choses se passèrent tout autrement en Occident, où l'empire s'était écroulé dès le Ve siècle. « Sous main, l'Église romaine se substitua à l'empire romain, qui, en réalité, se survécut en elle ; l'empire n'a pas péri ; il s'est seulement transformé. L'Église romaine gouverne toujours les peuples ; ses papes règnent comme Trajan et Marc-Aurèle ; à la place de Romulus et de Rémus sont venus Pierre et Paul ; à la place des proconsuls, les archevêques et les évêques ; aux légions correspondent les troupes de prêtres et de moines ; à la garde impériale, les Jésuites. Jusque dans les détails, jusque dans les particularités de droit, et même jusque dans les habits, on peut suivre l'influence de l'ancien empire et de ses institutions. Ce n'est pas du tout une Église comme les communautés évangéliques, ou comme les Églises nationales de l'Orient ; c'est une création politique aussi considérable qu'un empire universel, parce que c'est la suite de l'empire romain. Le pape, qui s'appelle « roi » et « pontife suprême », est le successeur de César. Il gouverne un empire. Aussi bien est-ce une entreprise inutile que de l'attaquer seulement avec les armes de la polémique doctrinale. Pour cette Église, il est aussi important de gouverner que d'annoncer l'Évangile Il ne doit pas y avoir de piété qui, avant tout, ne se soumette à cette Église papale, ne soit approuvée par elle et ne demeure dans une perpétuelle dépendance vis-à-vis d'elle. Le développement que l'Église a pris comme État terrestre devait logiquement la conduire jusqu'à la monarchie absolue du pape et à son infaillibilité ; car l'infaillibilité, dans une théocratie terrestre, ne signifie pas autre chose, au fond, que la souveraineté absolue dans un État ordinaire [6]. »

Ce caractère particulier du catholicisme latin a eu pour effet de modifier grandement les traits qui lui sont communs avec le catholicisme oriental. Ainsi le principe de tradition est aussi hautement proclamé par l'Église romaine que par l'Église grecque ; mais, quand il gêne, on passe outre, et la tradition, c'est le pape. De même l'orthodoxie : « la politique du pape peut la modifier en fait ; au moyen d'habiles distinctions, maint dogme a changé de sens ; des dogmes nouveaux sont établis ; la doctrine est, à beaucoup d'égards, devenue arbitraire. » La tradition du culte n'est pas plus réellement immuable que la tradition doctrinale. Et l'on peut en dire autant de la vie religieuse, l'ancien monachisme s'étant transformé au point de devenir, dans de grandes institutions, « juste le contraire de ce qu'il était. Cette Église possède, dans son organisation, une faculté unique de s'adapter au cours historique des choses ; elle reste toujours l'ancienne Église, ou du moins elle paraît l'être, et elle est toujours nouvelle [7] ».

III. L'ÉGLISE

M. Harnack n'insiste pas sur cette flexibilité de l'Église romaine ; il semble y voir un défaut plutôt qu'un mérite, et sans doute il n'en estime pas suffisamment l'importance au point de vue de la philosophie générale du christianisme et de son histoire. Mais il est assez piquant de rencontrer un protestant libéral et un savant qui incline à penser que l'Église romaine change trop, ou qui est disposé à s'étonner qu'elle change tant et si facilement. Combien d'autres lui reprochent de ne pas changer assez !

II

Bien qu'on le répète depuis plusieurs siècles, il est difficile de comprendre, si l'on n'y est préparé par une éducation théologique spéciale, comment la société du Christ était quelque chose de plus invisible et de plus intérieur que l'Église romaine. Cette société, comprenant ceux qui adhéraient à l'Évangile de Jésus, n'était pas formée de purs esprits qui n'auraient eu d'autre lien entre eux que la communauté d'un sentiment. Elle n'était pas nombreuse, mais plus on la réduira, plus elle apparaîtra distincte du monde qui l'entoure. Elle comptait les quelques fidèles qui persévérèrent jusqu'à la fin et qui se retrouvèrent, après la passion, pour former le noyau de la première communauté chrétienne. Groupe circonscrit, parfaitement reconnaissable, très centralisé aussi et même hiérarchisé dans la plus entière fraternité. Jésus est le centre et le chef, l'autorité incontestée. Les disciples ne sont pas autour de lui comme une masse confuse ; parmi eux le Sauveur a distingué les Douze et les a associés lui-même, directement et effectivement, à son ministère ; même parmi les Douze il y en avait un qui était le premier, non seulement par la priorité de sa conversion ou l'ardeur de son zèle, mais par une sorte de désignation du Maître, qui avait été acceptée, et dont les suites se font sentir encore dans l'histoire de la communauté apostolique. C'était là une situation de fait, créée en apparence par les péripéties du ministère galiléen, mais qui, un certain temps avant la passion, se dessine comme acquise et comme ratifiée par Jésus. Pas n'est besoin de chercher des programmes arrêtés, des chartes constitutionnelles, des inaugurations pompeuses. Jésus pourvoyait à la diffusion de l'Évangile dans le présent, et il préparait ainsi le royaume à venir. Ni son entourage ni le royaume n'étaient des réalités invisibles et impalpables, une société d'âmes ; c'était une société d'hommes qui portait l'Évangile et qui devait devenir le royaume.

L'Église naquit et dura par le développement d'une organisation dont les linéaments étaient tracés dans l'Évangile. Ce fut une communauté qui avait pour base la foi à « la bonne nouvelle » de Jésus ressuscité, pour loi la charité, pour but la propagation de la grande espérance, pour forme de gouvernement la distinction du collège apostolique et des simples disciples. Les Douze forment une sorte de comité directeur qui a pour chef Simon-Pierre. On ne voit rien encore qui ressemble à l'administration d'une monarchie. La parole du Sauveur : « Que celui d'entre vous qui voudra être le premier soit le serviteur de tous [8] », est appliquée à la lettre. La communauté ne connaît qu'un seul Maître, un seul Seigneur, qui est le Christ, et aucune autorité de domination ; la hiérarchie qu'on y trouve est celle du

III. L'ÉGLISE

dévouement. Cependant un pouvoir positif, d'ordre social, appartient visiblement aux apôtres, celui d'agréger les convertis à la communauté, d'exclure les indignes et de maintenir le bon ordre. Cet état de choses résultait de ce que Jésus avait fait et voulu ; car le Sauveur n'avait pas abandonné la prédication de l'Évangile aux premiers venus ; il l'avait confiée à ceux qui avaient tout quitté pour le suivre. Peu importe que ce premier groupe chrétien n'eût pas encore conscience de former une société distincte du judaïsme ; le principe de vie propre, qu'il tient de sa foi en Jésus, lui a déjà donné subsistance en lui-même ; son individualité grandira dans la lutte qu'il devra soutenir pour se conserver et s'étendre. Pas plus que Jésus, les apôtres ne s'enfermaient dans la sphère purement intérieure. Leur activité tendait à l'organisation d'une société religieuse. Et ce n'est pas seulement plus tard que les inconvénients de l'action extérieure se firent sentir : l'Évangile de Jésus a son revers dans le caractère absolu de sa formule, qui est, à la fois, son côté faible et la condition de son entrée dans le monde ; l'Évangile des apôtres a son revers dans l'explosion d'enthousiasme qui est un élément de sa force et un phénomène déconcertant pour ceux qui ne croient pas encore ; néanmoins, c'est toujours l'Évangile vivant, non seulement esprit, mais corps dès le commencement.

Des communautés chrétiennes se fondent parmi les gentils et deviennent bientôt l'Église, tout à fait distincte et même séparée de la Synagogue. Dans ces communautés, les apôtres et les premiers missionnaires instituent des collèges d'anciens ou de surveillants, pour les gouverner comme ils avaient gouverné eux-mêmes la première communauté de Jérusalem. L'organisation du corps presbytéral, l'affirmation de ses droits, la prééminence de l'évêque dans le groupe des anciens et dans la communauté, celle de l'évêque de Rome entre les évêques ne se dessineront et ne se fortifieront qu'avec le temps, selon le besoin de l'œuvre évangélique. L'Église devient, aux moments importants, de ce qu'elle doit être pour ne pas déchoir et périr, en entraînant l'Évangile dans sa ruine. Cependant elle ne crée aucune pièce essentielle de sa constitution. Un organe qui semblait jusque-là rudimentaire ou de moindre vigueur prend les proportions et la consistance que réclame la nécessité présente, il subsiste ensuite dans la forme acquise, sauf les modifications accessoires qui se produiront, à l'occasion d'autres développements, pour l'équilibre de l'ensemble. Cet équilibre ne s'établit pas ordinairement sans quelque travail intérieur qui a tous les caractères d'une crise douloureuse. Telle est, en effet, la loi de tout développement, et la croissance naturelle des êtres vivants connait de semblables périodes. Ces tiraillements ne prouvent pas que la vie diminue, mais qu'elle est menacée ; quand la crise est finie et que la puissance de l'être en est augmentée, il faut le louer de sa vitalité, non le blâmer d'avoir souffert ou de n'avoir pas succombé. L'Église peut dire que, pour être, à toutes les époques, ce que Jésus a voulu que fût la société de ses amis, elle a dû être ce qu'elle a été ; car elle a été ce qu'elle avait besoin d'être pour sauver l'Évangile en se sauvant elle-même.

Les premières communautés n'auraient pu durer sans l'organisation rudimentaire qui leur fut donnée par leurs fondateurs. Le collège presbytéral maintenait

III. L'ÉGLISE

l'ordre dans les réunions, la paix entre les frères ; il assurait le service des aumônes et les relations avec le dehors. De même que les disciples de Jésus avaient formé société, et que le royaume des cieux était conçu comme société, non comme une coalition de fervents et parfaits individualistes, les communautés chrétiennes formaient naturellement des sociétés, des confréries ; elles avaient besoin de l'élément conservateur de toute société, l'autorité. Quand il se produisit dans les Églises, et ce fut de très bonne heure, des mouvements d'idées, des tendances plus ou moins accusées et plus ou moins divergentes, des difficultés intérieures et extérieures plus ou moins considérables, la nécessité d'un pouvoir dirigeant se fit encore plus pressante, et il fallut que la communauté tint tête à tous les périls par le moyen d'une parfaite unité. Il est certain que le christianisme et l'Évangile auraient sombré dans la crise gnostique, sans l'opposition que fit au débordement des hérésies l'épiscopat monarchique, qui s'affermit définitivement dans cette lutte. Ne s'ensuit-il pas que l'Église est aussi nécessaire à l'Évangile, que l'Évangile est nécessaire à l'Église, et que les deux ne font qu'un dans la réalité, comme l'Évangile et le groupe des croyants ne faisaient qu'un pendant le ministère de Jésus ? Il n'y a sans doute qu'un jeu d'esprit assez froid dans la réflexion sur « la médiocrité » qui « fonda l'autorité ». Les chrétiens de Lyon au temps d'Irénée, ceux d'Afrique au temps de Tertullien étaient-ils bien inférieurs aux fidèles de Corinthe que l'on apprend à connaître dans les Épîtres de Paul ? La diminution des charismes primitifs prouve-t-elle que la foi réelle fût moins forte, et devra-t-on regretter que l'Église entière n'ait pas donné dans le montanisme ? Même quand il s'agit de religion, les accès de fièvre ne sont pas la condition normale de la vie.

En même temps que l'épiscopat grandit, la prépondérance de l'Église romaine se manifeste. M. Harnack lui-même l'a fort bien montré dans son *Histoire des dogmes* [9]. Cette Église eut un rôle considérable dans le combat contre le gnosticisme : les principaux docteurs de la gnose vinrent à Rome comme au point central du christianisme, où il importait le plus de faire agréer leurs doctrines ; ils y furent successivement condamnés. Mais ce n'est point seulement par là que la communauté romaine apparaît dans sa qualité d'Église principale. Chaque Église particulière avait le sentiment et même le souci de l'unité générale ; elle se gardait dans cette unité en en surveillant la conservation autour d'elle. Il y fallait cependant un centre qui supportât, en quelque sorte, l'effort de la tendance universelle et garantît le concert des Églises en le rendant visible et régulier. Ce point de rencontre, ce chef-lieu de l'unité ecclésiastique était indiqué à la fois par les plus grands souvenirs chrétiens et par la situation politique de l'empire. C'est incontestablement à son rang de capitale que Rome dut d'attirer à elle les deux personnages les plus importants de l'Église apostolique. Pierre et Paul y sont tous deux venus ; mais quel que fût le prestige de Paul, celui du prince des apôtres est demeuré plus grand dans le souvenir traditionnel. On honorait leur mémoire et l'on gardait leurs tombeaux. Parmi les anciens qui gouvernaient la communauté vers la fin du premier siècle, beaucoup les avaient connus et avaient le souvenir tout rempli de leur mar-

III. L'ÉGLISE

tyre. Cinquante ans plus tard, quand Irénée vint à Rome, on y trouvait certainement encore des croyants qui avaient été disciples de leurs disciples, et l'on montrait une liste d'évêques remontant jusqu'à Lin, le premier, celui qui avait pris le gouvernement de l'Église romaine après la mort de Pierre. Les critiques ont observé que l'évêque de Rome, dont le rôle prendra tant de relief avant la fin du second siècle, ne se distingue pas nettement du corps des anciens, à la fin du premier, et que l'épiscopat unitaire s'est constitué plus tard en Occident qu'en Orient. L'importance même de la communauté, qui a dû se partager de bonne heure en plusieurs groupes, a pu contribuer à maintenir plus longtemps la prééminence du conseil presbytéral, qui garda toujours à Rome, au-dessous de l'évêque, une autorité effective plus grande, semble-t-il que dans les autres Églises. Il n'y en avait sans doute pas moins dès l'origine, à Rome comme ailleurs, dans le corps des presbytres, une sorte de président qui est devenu bientôt l'évêque unique. L'Épître de saint Clément aux Corinthiens est écrite au nom de l'Église romaine, et la personnalité du rédacteur ne se montre pas ; néanmoins la lettre a été reçue et gardée comme épître de Clément, qui en était l'auteur responsable, et l'organe officiel de la communauté. Cette même épître fait voir que l'Église romaine s'intéressait à la vie intérieure des chrétientés éloignées et se croyait le droit d'y intervenir avec autorité. Paul n'aurait pas parlé aux Corinthiens divisés avec plus de force que Clément, bien que ce soit encore la communauté héritière de la tradition apostolique, et non le successeur personnel de Pierre, qui semble avoir la parole. Cette distinction est accessoire, car le sentiment de l'autorité reste identique chez Clément, qui parle au nom de l'Église dont il est le mandataire autant que le président, et chez Victor, chez Calliste, chez Étienne, qui parlent en leur nom propre et comme tenant la place de l'apôtre Pierre.

Que la position centrale de Rome, après avoir amené les apôtres dans cette ville, ait mis son évêque à même d'exercer une influence que nul autre n'aurait pu avoir dans un autre endroit, il n'y a pas lieu de le contester. L'importance de la ville a contribué à l'importance du siège, mais on ne peut pas dire qu'elle l'ait créée. Il est permis de croire que la force des choses, l'expérience acquise, le fait que, sans eux, le christianisme allait à Rome, que la communauté romaine grandissait, et qu'une intervention apostolique semblait nécessaire pour achever son institution et ne pas laisser, pour ainsi dire, en dehors de leur influence un point d'où celle-ci devrait plutôt rayonner, amenèrent les apôtres dans la capitale de l'empire. On peut penser aussi que, lorsqu'ils moururent, ils ne se doutaient pas qu'ils eussent légué un maître à César, ni même qu'ils eussent donné un chef suprême à l'Église. La pensée du grand avènement était trop puissante sur leur esprit, les questions de symbole et de gouvernement leur étaient trop peu familières, pour qu'ils vissent dans Rome et l'Église romaine autre chose que le centre providentiel de l'évangélisation chrétienne. Leur mort consacra ce qu'avait signifié leur présence. Nulle part ailleurs la tradition évangélique n'avait été plus solidement implantée ; nulle part ailleurs elle n'aurait pu trouver un terrain plus propice à sa conservation. Très consciemment, ils avaient fait de Rome le chef-lieu de

III. L'ÉGLISE

l'Évangile ; par là même, et sans le vouloir expressément, ils avaient fait de l'Église romaine la mère et la reine des Églises du monde entier ; ils laissaient l'héritage de l'apostolat en des mains capables de le faire valoir. La facilité que les évêques de Rome trouvèrent à établir leur prépondérance sur les autres communautés chrétiennes n'est pas chose entièrement étrangère aux prévisions des apôtres. La tête de l'empire, censée la tête du monde, devait être aussi, tant que besoin serait, la tête de la chrétienté universelle. Il n'est pas étonnant que cette idée ne se soit jamais perdue, et que le développement chrétien ne lui ait donné que plus de force, en lui ménageant de nouvelles applications. Ce qui est moins étonnant encore, c'est que la conscience de cette prééminence, qui était une charge beaucoup plus qu'un privilège, ait été surtout vivante là où elle avait sa raison d'être et le siège de son action. La nécessité de l'union avec l'Église romaine, union qui impliquait de la part des autres Églises une certaine subordination de droit et de fait, était aussi profondément sentie dans les Églises d'Occident, fondées par Rome, que pouvait l'être, à Rome même, l'idée d'une sorte de responsabilité générale pour le salut commun.

Il n'en était pas ainsi en Orient, où les Églises, qui ne devaient pas à Rome leur origine, se rattachaient moins étroitement à elle par leur tradition. L'on dirait que l'idée de l'union avec Rome, n'ayant pas été déposée dans leur première assise, n'a pu acquérir ensuite une force capable de résister aux divisions politiques et aux tendances particularistes. La translation de l'empire à Constantinople prépara le schisme, et il a été bien établi que l'Église grecque est, comme telle, une institution politique, dont le principe n'est nullement traditionnel [10]. Avec une autonomie plus complète qu'en Occident, avec un sentiment moins net de ce que l'évêque de Rome devait à la succession de Pierre, l'Église d'Orient, pendant les premiers siècles, avait gravité autour de Rome ; elle aurait continué de le faire et serait entrée de plus en plus dans l'orbite de l'Église apostolique, si le développement normal du gouvernement ecclésiastique n'avait été entravé par la politique, dès que l'empire se fut converti. À mesure que les évêques de Rome se feront une idée plus précise de leur fonction modératrice et la traduiront en droit positif et divin, les Orientaux les comprendront de moins en moins et finiront par ne plus les comprendre du tout ; ils ne verront que les prétentions romaines et n'auront pas le sens de ce qu'exige le maintien de l'unité, par-dessus les divisions des frontières. Ils auront si bien fait du christianisme une religion d'État que, Rome une fois perdue pour l'empire, il leur semblera que l'évêque de Rome n'a plus rien à dire en ce qui les touche, et que celui de Constantinople, la nouvelle Rome, a sur l'Orient les mêmes droits et les mêmes pouvoirs que l'évêque de l'ancienne sur les contrées de l'Occident qui lui obéissent. Au temps où les papes ne connaissent plus de frontières et assurent, ce dont les loue M. Harnack, l'indépendance de la religion à l'égard du pouvoir séculier, les patriarches de Constantinople encadrent l'Église dans les débris de l'empire et, voulant organiser leur papauté, font celle de l'empereur. En ramenant le christianisme aux proportions d'un culte national, ils ont détruit, autant qu'il était en eux, la notion du catholicisme, que l'Église romaine avait reçue en dépôt et qu'elle entendait garder.

Si cette Église a pris des airs d'impératrice qu'elle n'avait pas aux premiers temps, si elle a voulu donner des formes juridiques, on pourrait dire constitutionnelles, à sa prééminence et à son action, ce n'est pas seulement en vertu d'une tradition locale et héréditaire de domination universelle, qui aurait passé de l'empire à l'Église, de César au successeur de Pierre, mais par l'effet d'un mouvement général qui, depuis les origines, poussait l'Église à s'organiser en gouvernement, et qui s'était fait sentir en Orient aussi bien qu'en Occident. L'Église avait des biens, une discipline, une hiérarchie. Elle ne pouvait se passer d'un droit ; mais le droit ne peut subsister sans une autorité qui le garantit ; et cette autorité même a besoin, pour être efficace, d'avoir ses représentants officiels. Les papes du IVe et du Ve siècle veulent être les juges en dernier ressort de toute la chrétienté, comme ceux des deux siècles précédents voulaient que l'Église romaine servît de type aux autres pour l'enseignement, l'organisation et la discipline. C'est toujours la même prétention, appliquée à des situations différentes. Rome ne s'arroge pas un nouveau pouvoir, ou bien il faut dire que le pouvoir n'est pas plus nouveau que la situation en vue de laquelle on le réclame. Il était nécessaire que l'Église devînt un gouvernement, sous peine de n'être plus ; mais le gouvernement, dans une Église une et universelle, ne se conçoit pas sans une autorité centrale. Un centre idéal, sans puissance réelle, comme le concevait saint Cyprien, aurait été inutile. Il fallait que les questions importantes se terminassent quelque part. Les conciles particuliers pouvaient n'avoir pas un prestige suffisant ; les conciles généraux n'auraient jamais été qu'un tribunal extraordinaire, et l'expérience montrait que ces assemblées n'étaient pas sans de très grands inconvénients. Le tribunal supérieur et permanent auquel devaient naturellement ressortir toutes les causes majeures, et qui avait mission de résoudre définitivement tous les conflits, ne pouvait être que dans l'Église apostolique entre toutes, qui avait la tradition de Pierre et de Paul, et dont les chefs n'hésitaient plus à se dire successeurs du prince des apôtres.

Vis-à-vis des Églises qui se maintiennent ou se constituent dans les pays occupés par les barbares, et vis-à-vis des nations elles-mêmes, le pape ne se comporte plus seulement comme le juge suprême de toutes les controverses et de toutes les causes ecclésiastiques. Dès la fin du VIIIe siècle, il agit comme dépositaire de la tradition impériale, en transférant à Charlemagne et à ses successeurs le titre des Césars. Au déclin du XIe siècle, il semble que toute autorité lui appartienne, non seulement sur les Églises particulières, mais encore sur les peuples. Le pape s'est fait éducateur social, tuteur des monarchies, chef de la confédération chrétienne, en même temps qu'il reste et devient de plus en plus le chef de la hiérarchie ecclésiastique, l'arbitre de la foi, le gardien de la discipline, l'évoque de toutes les Églises. Ses deux rôles ne se distinguent pas l'un de l'autre. Bien que le premier ne lui soit pas conféré directement en vertu d'un principe purement religieux, évangélique et catholique, il s'est trouvé comme renfermé dans le second par l'effet des circonstances. Dans le chaos où s'était effondré l'empire d'Occident, l'Église avait main-

III. L'ÉGLISE

tenu ses cadres ; elle seule avait survécu, et c'est dans son sein, sous son influence et sa direction, que se fondaient les royaumes nouveaux et qu'ils s'avançaient vers la civilisation. L'Église n'avait pu mener à bien l'œuvre de leur conversion sans se faire leur institutrice dans l'ordre temporel. Elle avait dû être leur maîtresse en toute science et leur enseigner les éléments de la sagesse antique en même temps que l'Évangile du salut ; elle avait dû même se faire craindre dans l'ordre temporel, pour n'être pas anéantie dans l'ordre spirituel. L'individualité des nations naissantes commençait à peine à se dessiner ; sur toutes planait encore le souvenir de l'empire romain, de l'unité romaine, idéalisé dans le sentiment de l'unité catholique ; une sorte de grand État, fait d'États encore informes, se constituait, république universelle qui était une Église, et dont le vrai chef, le seul chef naturel, était le pape, ayant sous lui, bon gré malgré eux, les souverains temporels. Dans cette mêlée qu'elle avait besoin de dominer pour ne pas disparaître, l'Église se transformait et grandissait toujours ; elle grandissait pour durer, parce que les changements qui s'opéraient en elle étaient la condition même de son existence. Avec l'autonomie des Églises particulières, on aurait eu la submersion complète du christianisme dans la superstition et la féodalité germaniques. Des réformes devinrent possibles dès que Rome eut tout pouvoir pour les appuyer, lors même qu'elle n'aurait pas eu toujours l'initiative de les provoquer. La grande situation temporelle des papes, au XIIe et au XIIIe siècle, n'a été que la garantie de leur indépendance dans l'ordre spirituel ; et, dans cet ordre, les papes ont dû être ce qu'ils étaient, ce qu'ils sont devenus, pour que l'Église fût encore l'Église, pour qu'elle ne cessât pas d'être le christianisme et la religion de Jésus. Que serait-il arrivé si les pontifes s'étaient tout à coup avisés que l'essence du christianisme consistait dans la foi au Dieu Père, et qu'il fallait se borner à représenter cette vérité aux individus qui voudraient bien en faire leur religion ?

À partir du XIVe siècle, les conditions générales de la société catholique se modifient. Il n'y a plus vraiment de république chrétienne, mais des États chrétiens, suffisamment affermis en eux-mêmes, et que le sentiment d'une foi commune ou d'un péril commun ne réunira plus dans une action commune, ainsi qu'il était arrivé pour les croisades. En fait, l'autorité du pape s'exerce de plus en plus difficilement dans l'ordre politique ; l'Église, riche et puissante dans chaque État, est minée par une croissante corruption ; il importait maintenant qu'une grande réforme se fît, pour la dégager du monde et la rendre à sa propre fin. Mais l'Église et l'État se trouvaient si intimement associés l'un à l'autre, que l'organisation indépendante du pouvoir religieux et du pouvoir politique ne put se faire sans tiraillements, sans secousses, sans déchirements. Quand on regarde les événements à distance, après avoir constaté que la papauté du XVe et du XVIe siècle a été beaucoup trop préoccupée de ses intérêts particuliers, et pas assez de la réforme toujours plus urgente, on s'aperçoit que si, par la force des choses, l'influence politique de l'Église est allée toujours baissant, le pouvoir spirituel du pape est allé toujours augmentant, et qu'il est devenu ce qu'il avait besoin d'être pour assurer la conservation de l'Église catholique au milieu des révolutions et des troubles de l'âge moderne. Le pape reste le père des fidèles et le chef des Églises. On peut prévoir que son action ne s'exercera plus jamais dans les formes où elle s'exerçait au Moyen Âge. Mais ce pouvoir importe toujours à la conservation de l'Église et à la conservation de l'Évangile dans l'Église.

III

Reprocher à l'Église catholique tout le développement de sa constitution, c'est donc lui reprocher d'avoir vécu, ce qui pourtant ne laissait pas d'être indispensable à l'Évangile même. Nulle part, dans son histoire, il n'y a solution de continuité, création absolue d'un régime nouveau ; mais chaque progrès se déduit de ce qui a précédé, de telle sorte que l'on peut remonter du régime actuel de la papauté jusqu'au régime évangélique autour de Jésus, si différents qu'ils soient l'un de l'autre, sans rencontrer de révolution qui ait changé avec violence le gouvernement de la société chrétienne. En même temps, chaque progrès s'explique par une nécessité de fait qui s'accompagne de nécessités logiques, en sorte que l'historien ne peut pas dire que l'ensemble de ce mouvement soit en dehors de l'Évangile. Le fait est qu'il en procède et qu'il le continue.

Des objections qui peuvent sembler très graves, au point de vue d'une certaine théologie, n'ont presque pas de signification pour l'historien. Il est certain, par exemple, que Jésus n'avait pas réglé d'avance la constitution de l'Église comme celle d'un gouvernement établi sur la terre et destiné à s'y perpétuer pendant une longue série de siècles. Mais il y a quelque chose de bien plus étranger encore à sa pensée et à son enseignement authentiques, c'est l'idée d'une société invisible, formée à perpétuité par ceux qui auraient foi dans leur cœur à la bonté de Dieu. On a vu que l'Évangile de Jésus avait déjà un rudiment d'organisation sociale, et que le royaume aussi devait avoir forme de société. Jésus annonçait le royaume, et c'est l'Église qui est venue. Elle est venue en élargissant la forme de l'Évangile, qui était impossible à garder telle quelle, dès que le ministère de Jésus eût été clos pour la passion. Il n'est aucune institution sur la terre ni dans l'histoire des hommes dont on ne puisse contester la légitimité et la valeur, si l'on pose en principe que rien n'a droit d'être que dans son état originel. Ce principe est contraire à la lui de la vie, laquelle est un mouvement et un effort continuel d'adaptation à des conditions perpétuellement variables et nouvelles. Le christianisme n'a pas échappé à cette loi, et il ne faut pas le blâmer de s'y être soumis. Il ne pouvait pas faire autrement.

La conservation de son état primitif était impossible, et la restauration de cet état l'est également, parce que les conditions dans lesquelles l'Évangile s'est produit ont à jamais disparu. L'histoire montre l'évolution des éléments qui le constituaient. Ces éléments ont subi et ne pouvaient manquer de subir beaucoup de transformations ; mais ils sont toujours reconnaissables, et il est aisé de voir ce qui représente maintenant, dans l'Église catholique, l'idée du royaume céleste, l'idée du Messie agent du royaume, l'idée de l'apostolat ou de la prédication du royaume, c'est-à-dire les trois éléments essentiels de l'Évangile vivant, devenus ce qu'ils ont eu besoin d'être pour subsister. La théorie du royaume purement intérieur les supprime et fait abstraction de l'Évangile réel. La tradition de l'Église les garde, en les interprétant et les adaptant à la condition changeante de l'humanité. Il serait absurde de vouloir que le Christ eût déterminé d'avance les interprétations et adaptations que le temps devait exiger, puisqu'elles n'avaient aucune raison d'être avant l'heure qui les rendait nécessaires. Il n'était ni possible ni utile que l'avenir de l'Église fût révélé par Jésus à ses disciples. La pensée que leur léguait le Sauveur était qu'il fallait continuer à vouloir, à préparer, à attendre, à réaliser le royaume de Dieu. La perspective du royaume s'est élargie et modifiée, celle de son avènement définitif a reculé, mais le but de l'Évangile est resté le but de l'Église.

C'est, en effet, chose digne d'attention, que l'Église, si vieille qu'elle soit déjà, si rassurée qu'elle paraisse maintenant sur l'imminence du jugement dernier, si long avenir qu'elle se promette encore sur la terre, se regarde elle-même comme une institution provisoire, un organisme de transition. L'Église de la terre, dite Église militante, est comme le vestibule de l'Église triomphante, qui est le royaume des cieux réalisé dans l'éternité, jugé réalisable encore à l'extrême limite des temps. Si les dimensions de l'horizon évangélique ont changé, le point de vue est resté le même. L'Église a retenu l'idée fondamentale de la prédication du Christ : aucune institution terrestre ne réalise définitivement le royaume, et l'Évangile ne fait qu'en préparer l'accomplissement. L'on devine sans peine pourquoi des théologiens comme M. Harnack abandonnent l'eschatologie évangélique. Mais la question est uniquement de savoir si l'eschatologie n'a pas été un élément essentiel de l'Évangile historique, et si l'Église, qui a retenu cet élément essentiel de l'Évangile, ne continue pas véritablement le Christ. Que l'eschatologie évangélique ait été, au fond, le symbole expressif de réalités complexes et indescriptibles ; que l'eschatologie ecclésiastique soit aussi un symbole, toujours perfectible, des mêmes biens espérés, le théologien traditionnel peut le soutenir, et continuer ainsi à placer l'essence de l'Évangile là où Jésus a voulu la mettre. Toujours est-il que Jésus et l'Église ont les yeux levés dans la même direction, vers le même symbole d'espérance, et que l'Église observe, vis-à-vis du royaume céleste, la même attitude que Jésus.

Dans leur polémique anti-traditionnelle, les théologiens protestants les plus éclairés, ceux qui reconnaissent, avec M. Harnack, au développement catholique une sorte de nécessité relative, n'en raisonnent pas moins volontiers comme s'il n'était pas évident que l'on condamnerait le christianisme à mort en voulant le ramener à sa forme et à son organisation primitives, et comme si la condition naturelle de sa conservation et l'expression de sa vitalité n'avaient pas été le changement. Ils sont moins exigeants pour eux-mêmes, quand il s'agit de justifier leurs propres convictions religieuses, qui sont bien loin pourtant de se confondre avec l'Évangile de Jésus. Que font-ils autre chose que d'approprier l'Évangile aux besoins de leur conscience personnelle ? L'Église aussi, depuis le commencement, approprie l'Évangile aux besoins des hommes à qui elle s'adresse. Ce n'est pas l'appropriation personnelle qui continue le ministère du Christ, la prédication de la « bonne nouvelle » et la préparation

III. L'ÉGLISE

du royaume des cieux. Même chez les protestants, la tradition enseignante exerce une influence considérable sur la façon d'entendre la parole divine, et l'effet que l'Évangile écrit produirait, sans cette tradition, sur la masse des fidèles aurait chance d'être à peu près nul ou de n'être pas toujours salutaire. Il y a, dans toutes les communions chrétiennes, un service de l'Évangile qui assure la transmission et l'application de la parole du Maître. L'Église catholique est ce service tel que l'ont fait les siècles, et continué sans interruption depuis l'origine. Pour être identique à la religion de Jésus, elle n'a pas plus besoin de reproduire exactement les formes de l'Évangile galiléen, qu'un homme n'a besoin, pour être le même à cinquante ans qu'au jour de sa naissance, de garder les proportions, les traits et toute la manière d'être d'un nouveau-né. Quand on veut s'assurer de l'identité d'un individu, on ne songe pas à le faire rentrer dans son berceau. L'Église d'aujourd'hui ne ressemble ni plus ni moins à la communauté des premiers disciples qu'un homme adulte ne ressemble à l'enfant qu'il a été d'abord. Ce qui fait l'identité de l'Église et de l'homme, ce n'est pas la permanente immobilité des formes extérieures, mais la continuité de l'existence et de la conscience d'être, sous les transformations perpétuelles qui sont la condition et la manifestation de la vie. Toute chicane théologique mise à part, l'Église catholique, en tant que société fondée sur l'Évangile, est identique au premier cercle des disciples de Jésus, si elle se sent et si elle est avec Jésus dans le même rapport que ces disciples ; s'il y a correspondance générale entre l'état actuel de son être et son état primitif ; si l'être actuel n'est que l'être primitif autrement déterminé et développé ; si ses organes actuels sont les organes primitifs grandis et fortifiés, adaptés aux fonctions de plus en plus considérables qu'ils ont eu à remplir. C'est la durée même du christianisme qui a causé cette évolution. Si la fin du monde était arrivée dans les années qui suivirent la publication de l'Apocalypse, le développement ecclésiastique n'aurait pas eu lieu, et l'Église même aurait à peine existé. Mais le monde ne voulait pas périr ; l'Église a gardé sa raison d'être et la garde encore. Son histoire est celle de l'Évangile dans le monde ; et pour trouver que cette histoire n'est pas celle de la religion du Christ, il faut avoir commencé par mettre cette religion en dehors de l'histoire et du monde réel.

Si l'Église était une institution toute politique, telle que la conçoit et la représente M. Harnack, il est sûr qu'elle n'aurait rien de commun avec l'Évangile et qu'elle succéderait simplement à l'empire romain. Mais on a déjà pu voir en quel sens l'Église a véritablement succédé à l'empire. Les souvenirs et la tradition de l'empire ont conditionné, pour ainsi dire, l'action de l'Église, mais ils n'en ont pas changé le caractère essentiel. Quoi qu'on en puisse dire, il y a loin encore de Léon XIII à Trajan, des évêques aux proconsuls, des moines aux légions, des Jésuites à la garde prétorienne. Le pape n'est pas roi en tant que pape, et c'est encore d'Église universelle, non d'empire qu'il s'agit. Les catholiques ne regardent pas le pape comme leur souverain, mais comme leur guide spirituel. Tout en recevant l'investiture du pape, les évêques ne sont, ni en droit ni en fait, de simples délégués ; si le pape est successeur de Pierre, les évêques sont successeurs des apôtres, et leur ministère n'est pas d'ordre politique ni purement administratif. On ne peut comparer que par métaphore les religieux à une armée ; ce que prêchent les prêtres séculiers et les moines n'est point la politique du pape, même quand il en a une ; ils prêchent d'abord l'Évangile, avec l'interprétation traditionnelle qu'y donne l'Église, et le règne qu'ils s'efforcent d'étendre est celui de l'Évangile, non celui du pape en tant qu'il se distinguerait du règne du Christ. Les Jésuites mêmes, qui ont été institués pour défendre l'Église romaine contre la réforme protestante et anti-papale, ne sont pas des agents politiques, mais des prédicateurs de religion et des éducateurs religieux, quoi que l'on puisse penser de leurs méthodes et de leurs tendances particulières. Le côté politique de cette grande institution qu'est le catholicisme est tout naturellement celui qui frappe le plus les gens du dehors, mais il est tout extérieur et l'on peut dire accessoire. Vu de l'intérieur, l'organisme ecclésiastique est essentiellement d'ordre religieux et n'a d'autre raison d'être que la conservation et la propagation de la religion dans le monde. Bien que tout le développement catholique, lorsqu'on l'observe à la surface, semble tendre uniquement à augmenter l'autorité de la hiérarchie ou plutôt celle du pape, le principe fondamental du catholicisme n'a pas cessé d'être le principe même de l'Évangile. Les fidèles n'existent pas pour le service de la hiérarchie, mais la hiérarchie existe pour le service des fidèles. L'Église n'existe pas pour le service du pape, mais le pape existe pour le service de l'Église.

Certes, l'Église a revêtu, à beaucoup d'égards, la forme d'un gouvernement humain, et elle est devenue, elle est encore une puissance politique. Elle n'en a pas moins toujours voulu et elle veut encore être autre chose. Qu'elle compte au point de vue politique et que la politique doive compter avec elle, c'est une conséquence inévitable de son existence, et c'est ce qui est arrivé dès que le christianisme a été suffisamment répandu dans l'empire romain. Qu'elle s'érige elle-même en puissance politique, traitant de supérieur à inférieur ou d'égal à égal avec les gouvernements, négociant avec eux certaines affaires religieuses comme on négocie les traités internationaux, c'est une forme particulière et transitoire de ses rapports avec les pouvoirs humains. En ce sens, l'Église n'a pas toujours été une puissance politique et pourrait cesser de l'être. La situation actuelle est un legs du passé, qu'on ne peut liquider qu'avec précaution. Mais on peut prévoir dans l'avenir un état général des nations civilisées où l'Église, puissance spirituelle, et nullement politique au sens qui vient d'être dit, ne perdrait rien de son prestige, ni de son indépendance, ni de son influence morale. La politique ne tombe-t-elle pas de plus en plus et ne tombera-t-elle pas finalement aux mains des manieurs d'hommes aux mains des manieurs d'affaires ? Que gagnerait l'Église à traiter directement avec ceux-ci de ce qui la regarde, et quel intérêt auraient-ils eux-mêmes à s'occuper de ces choses ?

Il est même permis d'aller plus loin et de conjecturer que l'Église, dans sa façon de traiter les personnes qui reconnaissent son autorité, trouvera des procédés plus conformes à l'égalité fondamentale et à la dignité personnelle de tous les chrétiens. Dans le nivellement universel qui se prépare, les membres de la hiérarchie ecclésiastique pourront être de moins grands personnages selon le monde, sans rien perdre des droits de leur ministère, qui reprendront plus visiblement leur forme essentielle de devoirs. Il n'est pas vrai, d'ailleurs, que l'autorité ecclésiastique ait jamais été et soit maintenant une sorte de contrainte venant du dehors pour comprimer tout mouvement personnel de la conscience. L'Église est éducatrice avant d'être dominatrice ; elle instruit avant de diriger, et celui qui lui obéit ne le fait que selon sa propre conscience et pour obéir à Dieu. En principe, le catholicisme vise, tout autant que le protestantisme, à la formation de personnalités religieuses, d'âmes maîtresses d'elles-mêmes, de consciences pures et libres. En fait, l'écueil est pour lui de vouloir trop gouverner les hommes au lieu d'élever seulement les âmes. On ne peut nier que sa tendance, en réaction contre le protestantisme, ait été à l'effacement de l'individu, à la mise en tutelle de l'homme, à un contrôle de toute son activité qui n'est point fait pour provoquer l'initiative. Mais ce n'a été qu'une tendance. À peine pourrait-on dire qu'il y a, dans l'Église, une « légion » dont l'idéal religieux et politique est celui d'une société réglée par une sorte de consigne militaire dans tous les ordres de la pensée et de l'action. Encore est-il que le principal défaut de cet idéal n'est pas précisément d'être contraire à l'Évangile, mais d'être irréalisable et dangereux.

L'Évangile de Jésus n'était ni tout à fait individualiste au sens protestant, ni tout à fait ecclésiastique au sens catholique. Il s'adressait à la masse, pour constituer la libre société des élus : peut-on se faire une idée du développement de la personnalité, peut-on se faire une idée de la forme du gouvernement, dans le royaume des cieux ? C'est la vie et la durée de l'Évangile qui en ont fait un principe permanent d'éducation religieuse et morale, et une société spirituelle où le principe est mis en vigueur. Ni le principe ne tient sans la société, ni la société sans le principe. Le protestantisme et M. Harnack ne veulent garder que le principe. C'est une conception qui manque de consistance et de réalité. Le catholicisme tient pour le principe et pour la société. Les circonstances historiques ont fait que l'organisme social a paru compromettre plus ou moins le principe, et qu'il peut sembler encore le menacer en quelque façon. Mais c'est la condition de tout ce qui vit en ce monde d'être sujet à imperfection. Quelque réserve qu'il puisse faire, dans le détail, sur la manière dont s'exerce l'action de l'Église, l'historien ne peut pas contester que le catholicisme ait été et soit encore le service de l'Évangile, continué depuis les temps apostoliques.

La puissance d'adaptation que l'on reconnaît à l'Église romaine est son plus beau titre à l'admiration de l'observateur impartial. Il n'en résulte pas qu'elle altère l'Évangile ou la tradition, mais qu'elle sait comprendre les besoins des temps. Ne nous lassons pas de répéter que l'Évangile n'était pas une doctrine absolue et abstraite, directement applicable à tous les temps et à tous les hommes par sa propre vertu. C'était une foi vivante, engagée de toutes parts dans le temps et le milieu où elle est née. Un travail d'adaptation a été et sera perpétuellement nécessaire pour que cette foi se conserve dans le monde. Que l'Église catholique l'ait adaptée et l'adapte encore, qu'elle s'adapte elle-même continuellement aux besoins des temps nouveaux, ce n'est point la preuve qu'elle oublie l'Évangile ou méprise sa propre tradition, mais qu'elle veut faire valoir l'un et l'autre, qu'elle a le sentiment de ce qu'ils ont de flexible et de constamment perfectible. Les « raisons d'ordre supérieur [11] » qui, selon M. Harnack, font corriger l'orthodoxie, interpréter les dogmes anciens, produire des dogmes nouveaux, autoriser des pratiques et des dévotions nouvelles, ne sont pas à chercher dans les caprices ou les calculs d'un despotisme arbitraire ou égoïste. Quelles que soient les circonstances extérieures de chaque fait particulier, tout ce développement procède de la vie intime de l'Église, et les décisions de l'autorité ne font que sanctionner, pour ainsi dire, et consacrer le mouvement de la pensée et de la piété communes. S'il ne plaît pas à l'Église catholique de s'abîmer, immobile, dans la contemplation des formules traditionnelles, si elle les scrute et les explique, c'est qu'elle entretient, dans la foi, l'activité de l'intelligence. Si elle modifie sa discipline et ses moyens d'action, c'est qu'elle veut agir, parce qu'elle vit. Comme Église, elle a une vie collective qui, nonobstant les défaillances partielles, est la vie universelle de l'Évangile. Elle ne fait pas que des individus chrétiens, elle tend à créer un état chrétien du monde. Il est trop aisé de comprendre que des théologiens individualistes n'aient pas le sens de cette vie collective et continue de l'Évangile dans l'Église, et qu'ils ne la voient pas toujours, même quand ils la regardent. Sa réalité n'en est pas moins constante, et sa variété ne prouve pas que « l'essence du christianisme » y soit comme cachée et étouffée sous un entassement de matériaux étrangers, mais que cette essence y demeure perpétuellement en acte, sous des formes qui manifestent sa puissante fécondité.

---

1. P. 113.
2. P. 114.
3. P. 119.
4. P. 130.
5. P. 135.
6. P. 157-159.
7. P. 159-160.
8. MARC, X, 44.
9. I, 439-454.
10. Cf. DUCHESNE, *Églises séparées*, 163-227.
11. P. 155.

IV. LE DOGME CHRÉTIEN

Les siècles passés ont regardé le dogme comme l'expression et le rempart de la foi. On le supposait immuable, bien qu'on ne se lassât point d'en perfectionner les formules. M. Harnack enseigne aussi l'immutabilité du dogme ; mais il ne trouve qu'un dogme dans l'Évangile, et le travail de la pensée chrétienne depuis saint Paul est ainsi condamné en bloc, puisque son objet, pour la majeure partie, est autre que la bonté paternelle de Dieu. Cet effort séculaire pour définir la vérité de l'Évangile serait donc tout à fait vain, étranger à l'Évangile même qu'il veut expliquer. Le fait est que le développement du dogme n'est pas dans l'Évangile ; et il ne pouvait pas y être. Mais il ne s'ensuit pas que le dogme ne procède pas de l'Évangile, et que l'Évangile n'ait pas vécu et ne vive encore dans le dogme, aussi bien que dans l'Église. L'enseignement et l'apparition même de Jésus ont dû être interprétés. Toute la question est de savoir si le commentaire est homogène ou hétérogène au texte.

I

Même quand on ne veut pas reconnaître dans l'Évangile les premiers linéaments de la christologie, on est du moins contraint de les retrouver dans saint Paul. L'Apôtre, qui a rendu à la religion chrétienne ce service éminent de la détacher du judaïsme, qui a présenté le royaume de Dieu comme un fait accompli dans la rédemption opérée par le Christ, qui a conçu l'Évangile comme l'esprit de la Loi, a jeté aussi les bases du dogme chrétien. Il y avait, nous assure-t-on, un péril caché, dans l'idée d'une « rédemption objective », parce qu'on pouvait être tenté de la séparer de la rénovation intérieure. On pouvait être amené aussi à compter parmi les conditions du salut une connaissance exacte du Sauveur et de son œuvre. Paul lui-même n'a-t-il pas attribué au Christ une nature céleste, et, nonobstant la liberté de son attitude à l'égard de la Loi, ne retenait-il pas l'Ancien Testament comme une source de vérité ? S'il n'a point formulé de dogme, il a orienté l'Église sur la pente du développement dogmatique [1].

Toutefois le développement, dans la pensée de M. Harnack, est proprement grec, et l'influence directe de la pensée grecque sur la pensée chrétienne se fait sentir vers l'an 130. Jean avait bien écrit que Jésus était le Logos, mais « il n'avait pas fait de cette proposition la base de toute spéculation sur le Christ [2] ». Après lui vinrent des docteurs enseignant que Jésus-Christ avait été l'apparition corporelle du Logos, et cette idée remplaça la notion inintelligible du Messie. « Elle donnait à un fait historique un sens métaphysique ; elle introduisait dans la cosmologie et dans la philosophie de la religion

IV. LE DOGME CHRÉTIEN

une personne qui avait paru dans l'espace et le temps [3]. » Cette identification amena les penseurs grecs au christianisme. Mais la crise gnostique obligea l'Église à tracer les limites de ce qui était chrétien. Là commencent proprement le dogme et la menace qu'il apporte avec lui pour la liberté religieuse. « Nul ne peut se sentir ni se croire chrétien, c'est-à-dire enfant de Dieu, s'il n'a d'abord soumis son expérience et sa connaissance religieuses au contrôle de la confession ecclésiastique.... Il ne deviendra jamais majeur, puisqu'il doit rester dans la dépendance du dogme, du prêtre, du culte et du Livre [4]. »

Sur ce terrain, traditionalisme, orthodoxie, intellectualisme vont ensemble. L'Évangile est devenu « une grande philosophie théo-cosmologique où entrent toutes les matières imaginables » ; on est persuadé que « le christianisme, étant la religion absolue, doit donner réponse à toutes les questions de métaphysique, de cosmologie et d'histoire ». Deux éléments, cependant, séparent cette doctrine de la philosophie grecque : le dogme de la création, et surtout le dogme christologique. Le grand facteur de ce dogme fut une idée particulière de la rédemption, qui devint dominante au IIIe siècle, à savoir que le salut opéré par le Christ consiste dans la délivrance de la mort, et en même temps, dans l'élévation à la vie divine, dans la déification de l'homme. Pour procurer ce bien à l'humanité, il faut que le rédempteur lui-même soit Dieu et qu'il devienne homme. C'est pourquoi Athanase a combattu pour la consubstantialité du Verbe et du Père, comme s'il y allait de tout le christianisme. C'est pour la même raison que l'idée d'une simple union morale entre la divinité et l'humanité du Sauveur ne put être acceptée. Les dogmes de la Trinité consubstantielle et du Dieu-homme tiennent à cette idée de la rédemption et tombent avec elle. Car cette idée n'est pas chrétienne, n'étant pas morale ; elle est à peu près sans attache avec le Christ de l'Évangile, à qui ses formules ne conviennent pas ; elle éloigne du Christ réel, dont elle ne garde pas l'image vivante, et qu'elle présente uniquement sous des « hypothèses exprimées en propositions théoriques [5] ».

M. Harnack envisage la doctrine augustinienne de la grâce au point de vue de la piété plutôt qu'à celui du dogme. « La piété et la théologie d'Augustin étaient une résurrection particulière de l'expérience et de la doctrine pauliniennes du péché et de la grâce, de la faute et de la justification, de la prédestination divine et du défaut de liberté humaine. » « Jusqu'à nos jours, dans le catholicisme, la piété intérieure, vivante, et la façon de l'exprimer ont été essentiellement augustiniennes. » Et le savant théologien de signaler ce contraste de la piété la plus individuelle, avec l'Église du droit et de l'impérialisme ! Tous les réformateurs catholiques ont été augustiniens. « Il est vrai que l'Église a joint à son dogme de la grâce, conçu essentiellement d'après Augustin, une pratique de la confession qui menace de rendre ce dogme complètement inefficace. Mais si larges qu'elle fasse ses limites, afin de pouvoir retenir tous ceux qui ne se révoltent pas contre elle, non seulement elle supporte ceux qui pensent comme Augustin du péché et de la grâce, mais elle souhaite que chacun, autant que possible, sente aussi fortement que lui la gravité du péché et le bonheur d'appartenir à Dieu [6]. »

Au point de vue du dogme, la réforme protestante a été incomplète. Il y a une foule de problèmes que Luther n'a pas connus et qu'il a pu encore moins résoudre ; « il était par conséquent incapable de *séparer le noyau de l'écorce...*, Non seulement il admit dans l'Évangile les anciens dogmes de la Trinité et des deux natures du Christ..., et il en construisit de nouveaux, mais il ne sut pas, en général, faire de distinction nette entre le dogme et l'Évangile... La conséquence inévitable fut que l'intellectualisme ne fut point détruit, qu'il se forma de nouveau un dogme scolastique, censé nécessaire au salut, et qu'il y eut encore deux classes de chrétiens, ceux qui comprenaient la doctrine, et ceux qui, l'acceptant de ceux qui l'avaient comprise, demeuraient mineurs ». À cet égard, le protestantisme menace de n'être qu'un type inférieur du catholicisme. Que les Églises évangéliques prennent garde de se catholiciser ! Pour être vraiment évangéliques, il ne faut pas qu'elles aient une orthodoxie [7].

II

La pensée chrétienne, à ses débuts, fut juive, et ne pouvait être que juive, bien que le christianisme évangélique ait contenu le germe d'une religion universelle. Le premier changement, le plus décisif, le plus important, le plus rapide aussi peut-être, qu'il ait subi, est celui qui fit d'un mouvement juif, fondé sur l'idée du règne messianique, une religion acceptable pour le monde gréco-romain et pour l'humanité. Si prompt qu'il ait été, ce changement a été gradué : saint Paul, le quatrième Évangile, saint Justin, saint Irénée, Origène marquent les étapes de cette progression, pour ce qui regarde l'évolution des idées et l'adaptation de la croyance aux conditions de la culture intellectuelle durant les premiers siècles de notre ère. La transformation se fit, nonobstant la tendance traditionnelle et conservatrice inhérente à toute religion, et qui se manifesta dès le premier âge du christianisme. L'obligation de la Loi mosaïque fut abrogée malgré les judaïsants ; la théorie du Logos triompha malgré les adversaires des écrits johanniques, à qui saint Épiphane a donné le nom d'Aloges ; la théologie d'Origène fut acceptée, moyennant amendement, par ceux qui l'ont combattue. Chaque progrès de la doctrine, s'opérant en dépit d'une résistance, s'achève dans un certain accommodement avec ce qui l'a précédé. La thèse de saint Paul sur la Loi de servitude et l'Évangile de liberté, la conception johannique du Christ sont entrées dans la tradition de l'Église enseignante, sous bénéfice de leur adaptation au christianisme primitif. Pour s'assimiler la majeure partie de la théologie d'Origène, l'Église mit son système en morceaux et condamna même certaines hypothèses philosophiques qui ne lui agréaient pas.

On peut dire, en un sens, que l'hellénisation de la doctrine chrétienne date des Pères apologistes, parce que ce sont eux qui les premiers ont présenté le christianisme comme une philosophie, et parce qu'ils ont élaboré la théorie du Logos, qui n'était pas énoncée, dans le quatrième Évangile, en forme de spéculation, mais comme dans une série d'assertions de foi et de tableaux mystiques. Cette opinion serait inexacte si l'on

IV. LE DOGME CHRÉTIEN

voulait soutenir, et c'est bien ainsi que M. Harnack paraît l'entendre, que la notion du Logos, ou plus exactement la notion du Verbe incarné, ne domine pas le quatrième Évangile tout entier. Pas un seul verset de l'Évangile johannique n'a été écrit indépendamment de cette influence. Mais l'idée du Logos entre, pour ainsi dire, dans une foi vivante, elle en élargit la formule, et elle-même change de nature ; elle n'est plus une conception purement théorique sur laquelle on appuie des spéculations de même ordre, mais elle devient chrétienne en servant à définir le Christ ; elle est une théologie vécue, mystique et non abstraite, nullement scolastique, tandis que la doctrine des Pères développe le point de vue cosmologique indiqué simplement dans le prologue de Jean.

La théorie paulinienne du salut fut indispensable à son heure pour que le christianisme ne restât pas une secte juive, qui aurait été sans avenir. La théorie du Logos incarné fut nécessaire aussi lorsque l'Évangile fut présenté, non seulement aux prosélytes que le judaïsme comptait dans l'empire, mais au monde païen tout entier et à quiconque avait reçu l'éducation hellénique. La théologie savante d'Origène était la synthèse doctrinale qui devait faire accepter le christianisme aux esprits les plus cultivés. C'était le pont jeté entre la nouvelle religion et la science de l'Antiquité. Jamais le monde grec ne se serait laissé circonscrire, et jamais non plus il ne se serait converti au Messie d'Israël ; mais il pouvait se convertir et il se convertit au Dieu fait homme, au Verbe incarné. Tout le développement du dogme trinitaire et christologique, qui, d'après M. Harnack et d'autres théologiens critiques, pèserait si lourdement sur toutes les orthodoxies chrétiennes, en les rivant à une doctrine surannée, à la science de Platon et d'Aristote, depuis longtemps dépassée par la science moderne, fut, à son origine, une manifestation vitale, un grand effort de foi et d'intelligence, qui permit à l'Église d'associer ensemble sa propre tradition et la science du temps, de fortifier l'une par l'autre, de les transformer en une théologie savante qui croyait contenir la science du monde et la science de Dieu. La philosophie pouvait se faire chrétienne sans être obligée de se renier elle-même, et pourtant le christianisme n'avait pas cessé d'être une religion, la religion du Christ.

Ce travail de la pensée chrétienne n'est pas à juger comme une œuvre scientifique. Il ne prétendait pas l'être, et, s'il l'avait voulu, on doit dire que la méthode lui aurait fait totalement défaut. Ce ne fut pas la recherche savante qui en détermina le caractère et qui en fixa les résultats, mais l'instinct de la foi dans des âmes d'ailleurs pénétrées de l'esprit hellénique. Aussi bien l'hellénisation du christianisme ne fut-elle pas préméditée par des philosophes de profession, comme étaient les docteurs de la gnose, ni voulue par des politiques habiles qui auraient eu souci de procurer à l'œuvre de conversion toutes les chances de succès, et qui auraient été préoccupés d'ôter au christianisme les marques de son origine juive, de lui donner une forme grecque, pour le faire pénétrer plus facilement dans le monde païen. La cause du mouvement fut plus intime et, pour ainsi parler, plus profondément nécessitante. Le développement du dogme christologique fut causé par l'état d'esprit et de culture des premiers convertis venus de la gentilité ou ayant subi son influence. Dans la mesure où ils étaient gagnés aux croyances juives, ils étaient préparés à comprendre et à goûter le christianisme primitif, et c'est ainsi qu'ils s'y attachèrent. Dans la mesure où ils étaient imbus de la culture grecque, ils eurent besoin de s'interpréter à eux-mêmes leur nouvelle foi. Ils le firent d'autant plus promptement et plus volontiers que l'explication s'imposait à qui voulait parler du christianisme aux païens entièrement ignorants du judaïsme. C'est ainsi que progressivement, mais de très bonne heure, par l'effort spontané de la foi pour se définir elle-même, par les exigences naturelles de la propagande, l'interprétation grecque du messianisme chrétien se fit jour, et que le Christ, Fils de Dieu et Fils de l'homme, Sauveur prédestiné, devint le Verbe fait chair, le révélateur de Dieu à l'humanité. Tout le développement du dogme christologique, jusqu'à la fin du IIIe siècle, résulte de cette double impulsion, qui en active la marche. Il est modéré et contenu par le principe de tradition qui l'oblige à se tenir toujours dans un rapport étroit avec son point de départ, l'idée monothéiste et l'humanité réelle, le personnage historique de Jésus. Le monothéisme israélite était une doctrine religieuse et morale bien plus que philosophique : on y adapte la métaphysique de Platon et de Philon, sans laquelle la foi au Dieu unique n'aurait guère eu de sens pour les Grecs, beaucoup plus « intellectuels » que religieux. De même, la divinité du Christ, l'incarnation du Verbe fut la seule manière convenable de traduire à l'intelligence grecque l'idée du Messie. Dieu ne cesse pas d'être un, et Jésus reste Christ ; mais Dieu est triple sans se multiplier ; Jésus est Dieu sans cesser d'être homme, le Verbe devient homme sans se dédoubler. Chaque progrès du dogme accentue l'introduction de la philosophie grecque dans le christianisme, et un compromis entre cette philosophie et la tradition chrétienne.

Car la philosophie n'a pas été introduite comme telle ni telle quelle dans la foi, mais en tant qu'on lui empruntait, ou plutôt qu'on lui dérobait une explication ou une formule savante pour faire valoir la tradition. Les apologistes ont pu parler de philosophie à propos du christianisme, et Origène regarder la théologie comme une vraie science, une gnose supérieure à la foi commune, les représentants officiels de l'Église affectent de ne pas connaître autre chose que la tradition, et ils ne conviennent pas, n'en ayant pas conscience, des emprunts que le christianisme a faits avant eux, qu'il fait même encore par eux à la sagesse hellénique. L'orthodoxie se nourrit de Platon, de Philon, d'Origène, et elle condamne plus ou moins ces autorités, où elle ne puise pas toujours directement. Le principe de tradition, qui est un principe religieux, moral et social, un principe de gouvernement plutôt qu'un principe de science, l'emporte en général, et toujours dans les moments décisifs, sur le principe de libre spéculation qui est celui de la philosophie. Il est donc permis de dire que la théologie chrétienne s'est livrée à un travail de sélection sur la philosophie grecque. Mais s'il est vrai, en un sens, qu'elle l'a absorbée, puisqu'elle a pris sa place, après s'être assimilé une bonne partie de ses éléments, il est certain que la tradition du christianisme primitif n'a pas été échangée, contre la philosophie, ni la science grecque substituée à l'Évangile, ni

IV. LE DOGME CHRÉTIEN

Platon pris pour maître au lieu du Christ et des apôtres. On peut soutenir, au point de vue de l'histoire, que la Trinité, l'Incarnation sont des dogmes grecs, puisqu'ils sont inconnus au judaïsme et au judéo-christianisme, et que la philosophie grecque, qui a contribué à les former, aide aussi à les entendre. Ce ne sont pourtant point des dogmes scientifiques, transportés de la philosophie païenne dans la théologie chrétienne ; ce sont des dogmes religieux, qui ne doivent à la philosophie que certains éléments théoriques et leur formulaire, non l'esprit qui pénètre éléments et formules, ni la combinaison spéciale des notions qui les constituent. L'évolution de la vie divine dans la Trinité ne procède pas du monothéisme israélite sans influence des spéculations helléniques ; mais le maintien de l'unité, la détermination des trois termes de la vie divine sont dictés par la tradition juive et l'expérience chrétienne. Dans le concept de l'incarnation, la notion du Verbe est philonienne autant que biblique ; mais elle ne laisse pas d'être biblique en partie, et surtout elle est fixée, concrétisée, détournée, pour ainsi dire, de la cosmologie vers la révélation, orientée vers le Christ, de façon à prendre une signification originale par rapport à lui et à la foi chrétienne.

Il n'est pas étonnant que le résultat d'un travail si particulier semble manquer de logique et de consistance rationnelle. Cependant il se trouve que ce défaut, qui serait mortel à un système philosophique, est, en théologie, un principe de durée et de solidité. Ne dirait-on pas que toutes les hérésies sont nées de déductions poursuivies dans un sens unique, en partant d'un principe de tradition ou de science, isolé de tout le reste, érigé en vérité absolue, et auquel on a rattaché, par voie de raisonnement, des conclusions incompatibles avec l'harmonie générale de la religion et de l'enseignement traditionnels ? L'orthodoxie paraît suivre une sorte de ligne politique, moyenne et obstinément conciliante, entre les conclusions extrêmes que l'on peut tirer des données qu'elle a en dépôt. Quand elle cesse de percevoir l'accord logique des assertions qu'elle semble opposer l'une à l'autre, elle proclame le mystère et n'achète pas l'unité de sa théorie par le sacrifice d'un élément important de sa tradition. Ainsi a-t-elle fait pour la Trinité, quand la consubstantialité des trois personnes divines eut triomphé définitivement, et qu'il ne fut plus possible d'osciller entre le modalisme, qui n'admettait qu'une personne manifestée dans trois œuvres : création, rédemption, sanctification, et le subordinatianisme, qui attribuait les trois œuvres à trois personnes inégales. Ainsi fit-elle pour l'Incarnation, quand la dualité des natures fut décidément affirmée dans l'unité de la personne, et que l'on dut prendre parti à la fois contre le nestorianisme et contre le monophysisme. Plus ou moins consciemment, la tradition chrétienne s'est refusée à enfermer l'ordre réel des choses religieuses dans l'ordre rationnel de nos conceptions ; elle a pensé rendre à la vérité éternelle le seul hommage qui lui convienne, en la supposant toujours plus haute que notre intelligence, comme si des affirmations qui semblent contradictoires devaient être tenues pour compatibles à la limite de l'infini. Il n'y a qu'un Dieu éternel, et Jésus est Dieu : voilà le dogme théologique. Le salut de l'homme est tout entier dans la main de Dieu, et l'homme est libre de se sauver ou non : voilà le

IV. LE DOGME CHRÉTIEN

dogme de la grâce. L'Église a autorité sur les hommes, et le chrétien ne relève que de Dieu ; voilà le dogme ecclésiastique. Une logique abstraite demanderait que l'on supprimât partout l'une ou l'autre des propositions si étrangement accouplées. Mais une observation attentive démontre qu'on ne pourrait le faire sans compromettre l'équilibre vivant de la religion.

Les dogmes de la Trinité et de l'Incarnation sont associés à une idée de la rédemption que l'hellénisme a influencée ; mais ni l'idée n'est purement hellénique, ni son rapport avec les dogmes n'est si étroit que ceux-ci dépendent absolument de l'idée. Si l'on juge que l'Évangile ne met pas la rédemption dans l'exemption de la mort, c'est que l'on a commencé par mettre la vie éternelle dans la possession actuelle de Dieu, par la foi en sa miséricorde. Mais il paraît bien que cette hypothèse est fondée sur une interprétation très contestable de l'enseignement évangélique. La vie éternelle, dans la prédication de Jésus, n'est pas la possession de Dieu par la foi, mais la possession du royaume dans la vie à venir, la vie qui ne finit pas. L'immortalité garantie à ceux qui verront l'heure du grand avènement, et à ceux qui ressusciteront pour en jouir, est donc un élément de l'Évangile, c'est la condition nécessaire, et très explicitement formulée, de la participation au royaume de Dieu. Le don de l'immortalité n'est pas conçu encore comme un rachat, une restauration de l'humanité ; il constitue la récompense promise au juste. La réconciliation des pécheurs, dans les paraboles de la miséricorde, n'est pas présentée comme une rédemption. Dieu pardonne au pécheur repentant, qui acquiert ainsi un titre à la vie éternelle. Mais déjà saint Paul présentera la justice chrétienne et l'immortalité bienheureuse comme un effet de la médiation et du sacrifice de « l'homme céleste », le Christ, qui a restitué à l'humanité le bien qu'elle avait perdu par la faute de son premier père, « l'homme terrestre [8] ». L'auteur du quatrième Évangile ne fait pas valoir l'idée de propitiation ; mais il associe l'idée de la vie en Dieu à celle de la vie dans le royaume, et conçoit ainsi la vie éternelle comme future et déjà présente. Cette vie est une déification de l'homme ; car si la déification de Jésus a consisté dans la pleine communication de l'esprit divin, qui a été l'incarnation du Verbe, celle de l'homme est réalisée par la communication partielle qui se fait du même esprit aux croyants, unis à Dieu dans le Christ, comme le Christ lui-même est uni à son Père. La théorie dogmatique des Pères de l'Église est donc déjà dans le Nouveau Testament. L'argumentation d'Athanase et des autres docteurs n'a fait que lui donner la rigueur d'un système. Jean avait dit que l'homme participe à la vie divine et triomphe de la mort par le don de l'esprit divin que le Christ, Dieu incarné, lui procure. Les défenseurs du *consubstantiel* disent que le Christ ne pourrait ainsi déifier l'homme, s'il n'était Dieu lui-même. Le raisonnement des théologiens ecclésiastiques se fonde sur l'assertion de l'évangéliste, et tout le développement grec se rattache à un élément de la prédication de Jésus, où le Messie était déjà messager et agent d'immortalité. D'autre part, le dogme trinitaire ne repose pas uniquement sur l'idée de la déification de l'homme par le Christ, mais sur l'assertion de foi qui a présenté d'abord Jésus comme Christ et Seigneur, sacré par l'esprit de Dieu, puis comme identifié au Verbe divin, et sur celle qui, avant toute systématisation doctrinale, a figuré comme une personnalité divine, dépendante et distincte du Père et du Fils, l'esprit qui agissait dans l'Église. Le Symbole des apôtres et la formule du baptême chrétien sont antérieurs au IIIe siècle, et l'on ne peut nier qu'ils contiennent les éléments essentiels du dogme trinitaire. La définition systématique du dogme est en rapport avec la définition systématique de la rédemption, mais avant ces définitions, les idées qui les supportent existaient dans la tradition chrétienne, et leur évolution a son point de départ dans l'Évangile de Jésus et la tradition apostolique.

Le développement du dogme de la grâce et celui du dogme de l'Église se sont effectués dans les mêmes conditions que celui du dogme théologique. L'Occident n'eut jamais beaucoup de goût pour les spéculations où le génie de l'ancienne Église orientale s'est toujours complu et souvent égaré. Là, au lieu d'être matière de métaphysique transcendante ou d'épopée cosmologique, la religion était source de piété intime et instrument d'ordre social. À Rome et dans les pays latins, on conçoit volontiers la religion comme une discipline et un devoir de la société. Pour les races germaniques, elle est un principe de vie intérieure, le poème de l'âme, où l'on ne voit plus réellement que « Dieu et l'âme, l'âme et son Dieu ». L'esprit de gouvernement, inné à Rome, a contribué au développement ecclésiastique, et il a préparé pour les temps modernes le développement du dogme de l'Église. L'esprit de piété n'a manqué à aucune fraction de la chrétienté ancienne ; cependant il n'a donné lieu à un développement spécial, propre à l'Église latine, que par saint Augustin et l'influence de l'augustinisme, influence qu'il ne faut pas confondre entièrement avec le crédit dont a joui auprès des théologiens le système augustinien de la grâce. Comme l'a remarqué M. Harnack, l'histoire du christianisme occidental, depuis le Ve siècle, est faite des rapports qui ont existé entre deux facteurs : l'esprit de piété qui tend à faire de la religion une affaire personnelle, et l'esprit de gouvernement qui tend à faire de la religion une chose officielle, réglée en tout par l'autorité souveraine du pontife romain. L'aboutissant extrême de la première tendance est l'individualisme religieux ; celui de la seconde, l'absolutisme ecclésiastique. De leur équilibre résulte la vie du christianisme, qui s'évanouirait assez promptement le jour où l'une de ces tendances ne ferait plus aucun contrepoids à l'autre, le protestantisme subsistant comme religion par un débris de hiérarchie et d'organisation traditionnelle, et le catholicisme puisant sa vitalité dans l'ardeur intime de la piété, au moins autant que dans la solidité du lien hiérarchique ou la rigueur de la centralisation administrative.

Saint Augustin a contemplé l'idée chrétienne au point de vue du salut individuel, abstraction faite de la gnose cosmologique. Il ne regarde pas le salut uniquement comme fin dernière, mais d'abord dans la régénération spirituelle qui constitue sa réalité pour la vie présente.

L'histoire du christianisme devient un drame psychologique : Adam et Ève étaient justes et saints ; il avaient en eux la grâce de Dieu et le pouvoir de faire le bien, mais de telle sorte pourtant que, dans l'épreuve du fruit défendu, ils eurent la faculté d'obéir, sans que l'attrait du devoir fût nécessitant ; ils faillirent, l'attrait sensible l'ayant emporté sur la force spirituelle de la grâce, et c'en était fait de l'harmonie que Dieu avait mise dans sa créature de prédilection ; désormais la concupiscence, c'est-à-dire le péché à l'état permanent et immanent, régnait dans l'homme ; tous les fils d'Adam naissent pécheurs, parce qu'ils naissent de la concupiscence et qu'ils portent en eux le principe funeste qui leur a donné le jour ; mais à tel mal tel remède ; la grâce méritée par Jésus, et qui est essentiellement le don de la foi et de l'amour de Dieu, est un attrait d'un autre ordre, tout-puissant et divin, par lequel l'homme acquiert la liberté du bien, en devenant capable de résister efficacement à l'attrait funeste de la concupiscence ; tant qu'il vit sur la terre, la concupiscence n'est pas extirpée jusque dans sa racine, elle est simplement combattue et refoulée par l'attrait supérieur de la grâce de Dieu.

La doctrine de la grâce n'est pas plus romaine d'origine que celle du Verbe incarné. L'Église d'Afrique n'était pas romaine de race ni d'esprit, nonobstant ses relations étroites et permanentes avec la communauté de Rome. On y avait gardé très vif le sentiment de la dignité personnelle du chrétien et de la sainteté chrétienne ; bien qu'on n'eût pas suivi Tertullien dans la chimère du montanisme, on avait, pour ainsi dire, le culte de l'Esprit et des sacrements qui le donnent ; pendant longtemps on refusa d'accepter le baptême des hérétiques, et un schisme formidable, celui des donatistes, eut la même cause que l'erreur de Cyprien et des rebaptisants ; de même que le baptême donné par un hérétique ne pouvait être valide, parce que l'hérétique, n'ayant pas le Saint-Esprit, ne peut le communiquer, ainsi les ordinations faites par les « traditeurs », ceux qui, durant la persécution de Dioclétien, avaient eu la faiblesse de remettre aux autorités romaines le trésor sacré des Écritures, étaient nécessairement nulles, parce qu'un évêque « traditeur » est déchu de sa grâce et n'a pu donner ce qu'il n'avait plus. C'est dans ce milieu que devait naître le dogme de la grâce efficace. Alexandrie pouvait s'intéresser aux hypostases divines, Antioche à la constitution théandrique du Christ, Rome aux règles du gouvernement ecclésiastique, Carthage et l'Église africaine s'intéressaient à la sainteté de l'Église dans ses chefs et dans ses membres.

Cette façon d'entendre la religion fut définie par Augustin dans une théorie qui avait, sur le principe de Cyprien et des donatistes, l'avantage de ne pas ébranler la constitution de l'Église, puisqu'elle acceptait de la tradition commune et le dogme théologique et la forme de l'institution ecclésiastique. En présentant à chaque croyant un programme de rédemption morale fondé sur le sentiment intime de l'infirmité humaine et de la mystérieuse efficacité de la grâce par la foi, l'espérance et l'amour, elle s'est trouvée parfaitement appropriée à l'esprit des peuples nouveaux que l'Église allait avoir à convertir, et qui sont maintenant les peuples chrétiens, catholiques et protestants, de l'Europe occidentale. Ces peuples ont pris la religion comme une médecine spirituelle, condition et fruit d'une lutte intérieure, renaissance de l'individu et progrès vers sa perfection morale, liberté supérieure à toutes les franchises de l'ordre social, principe d'action et de vie saintes, déification de l'homme, non plus seulement dans la lumière de Dieu, mais par la vie de Dieu en lui et par l'activité de l'amour.

Ce dogme, psychologique et humain, que la tradition postérieure a quelque peu modifié en l'interprétant, ne se rattache ni plus ni moins que le dogme théologique à l'enseignement de Jésus. Il procède directement de saint Paul. L'Apôtre n'avait pas considéré seulement le salut comme une fonction cosmologique, mais d'abord comme un intérêt de l'humanité en général et de l'individu en particulier ; de ses méditations sur le rapport de la Loi et de l'Évangile, du péché et de la rédemption, était sortie sa théorie du salut par la foi en Jésus et la seule grâce de Dieu, sans les œuvres de la Loi. L'homme, depuis Adam, est enclin au péché, il est comme naturellement pécheur ; bien loin de le sauver, la Loi, en multipliant les préceptes, multiplie les transgressions ; elle n'est qu'une instruction, un guide ; jamais on n'a été sauvé que par la foi. La foi est donc le vrai remède au péché ; mais elle ne s'appuie que sur Jésus-Christ, qui délivre les hommes de la Loi, du péché, de la mort, ayant laissé ce triple fardeau enseveli dans le sépulcre d'où lui-même est sorti libre et glorieux ; fait chair, « l'homme céleste » a racheté tous les descendants pécheurs de « l'homme terrestre » ; il a condamné le péché dans la chair, il l'a crucifié ; injustement frappé en vertu de la Loi, il a brisé la Loi ; mort volontairement, il a détruit l'empire de la mort ; ainsi reste-t-il un principe de justice et de vie éternelle pour ceux qui croient en lui [9]. Saint Augustin a dégagé ces idées de leur relation avec la question de la Loi, qui était essentielle pour Paul et qui n'avait plus de signification pour l'Église ; il en a tiré un système logique ; il a précisé la notion du péché originel et celle du péché personnel, celle de la grâce et de la nature ; il a interprété en théologien les intuitions et la polémique subtile de l'Apôtre.

Comme les réformateurs ont fait grand cas de la théorie paulinienne et augustinienne de la justification, et que les théologiens libéraux y retrouvent encore assez facilement leur idée du salut ou de la vie éternelle acquise par la foi au Dieu Père, on n'insiste guère sur ce que le dogme de la grâce n'est pas plus expressément enseigné dans l'Évangile que le dogme christologique. Mais l'on chercherait vainement dans la prédication du Sauveur une doctrine du péché et de la justification. Le royaume des cieux est promis à quiconque fait pénitence, de sorte que le gain de la vie éternelle semble subordonné à deux conditions : une condition implicite, la foi à la miséricorde divine et au royaume annoncé, et une condition explicite, le repentir ; les conditions du salut, qui est, en fait, proposé aux seuls Juifs, ne sont pas autrement discutées. Il est aisé de voir tout ce que saint Paul ajoute à l'Évangile, où l'on ne trouve que les idées communes, et sans nulle théorie, du péché, du pardon et de la vie éternelle. Tout aussi bien que le dogme christologique, le dogme de la grâce est une interprétation du salut messianique et de la théologie du royaume céleste, et cette interprétation aussi a été nécessitée par les circonstances dans lesquelles l'Évangile s'est perpétué, par les problèmes que posait la conversion des païens, et qu'il a fallu résoudre en s'inspirant bien plus de l'esprit que des déclarations formelles de Jésus.

IV. LE DOGME CHRÉTIEN

C'est surtout depuis la Réforme que la notion même de l'Église est devenue matière de développement dogmatique. Auparavant l'Église avait grandi sans que l'on spéculât sur la nature de ses progrès. Le protestantisme mit d'abord en doute son autorité, ce qui était mettre en doute l'Église elle-même. Maintenant le point essentiel qui est objet de litige entre les théologiens catholiques et ceux des communions réformées se ramène à ces termes simples : l'Évangile de Jésus est-il, en principe, individualiste ou collectiviste ? La question qui semblait au premier plan dans les siècles passés, à savoir si l'objet de la foi est à déterminer par l'Écriture seule, ou par la tradition avec l'Écriture, rentre dans la précédente ; car, en dépit des apparences, il ne s'agit pas de savoir si l'Écriture contient ou non la plénitude de la révélation, mais s'il appartient au chrétien d'édifier lui-même sa propre foi et toute sa religion, avec l'aide de l'Écriture, ou bien si la foi et la religion chrétiennes ne doivent pas être et ne sont pas comme une œuvre perpétuelle et universelle dont chacun bénéficie et à laquelle il contribue. En face du protestantisme, qui conduit logiquement la religion chrétienne à l'individualisme absolu, c'est-à-dire à l'émiettement indéfini, le christianisme catholique a pris une conscience plus claire de lui-même, et il s'est déclaré d'institution divine en tant que société extérieure et visible, avec un seul chef qui possède la plénitude des pouvoirs d'enseignement, de juridiction, de sanctification, c'est-à-dire de tous les pouvoirs qui sont dans l'Église et que les siècles antérieurs avaient placés dans l'épiscopat universel sous l'hégémonie du pape, sans spécifier si le pape seul les possédait tout entiers par lui-même. Les définitions du Vatican se sont dégagées, en quelque sorte, de la réalité ; mais si le mouvement centralisateur qui y a conduit semble arrivé à son terme, la réflexion théologique n'a pas dit encore son dernier mot sur le sujet. On peut croire que l'avenir fera, touchant la véritable nature et l'objet de l'autorité ecclésiastique, des observations qui ne manqueront pas de réagir sur le mode et les conditions de son exercice.

Pour quiconque a suivi le mouvement de la pensée chrétienne depuis les origines, il est évident que ni le dogme christologique ni celui de la grâce, ni celui de l'Église ne sont à prendre pour des sommets de doctrine au-delà desquels ne s'ouvre et ne s'ouvrira jamais pour le croyant que la perspective aveuglante du mystère infini ; qui demeureraient plus fermes que le roc, inaccessibles à tout changement même accidentel, et cependant intelligibles pour toutes les générations, également applicables, sans traduction ni explication nouvelles, à tous les états, à tous les progrès de la science, de la vie, de la société humaines. Les conceptions que l'Église présente comme des dogmes révélés ne sont pas des vérités tombées du ciel et gardées par la tradition religieuse dans la forme précise où ils ont paru d'abord. L'historien y voit l'interprétation de faits religieux, acquise par un laborieux effort de la pensée théologique. Que les dogmes soient divins par l'origine et la substance, ils sont humains de structure et de composition. Il est inconcevable que leur avenir ne réponde pas à leur passé. La raison ne cesse pas de poser des questions à la foi, et les formules traditionnelles sont soumises à un travail perpétuel d'interprétation où « la lettre qui tue » est efficacement contrôlée par « l'esprit qui vivifie [10] ».

III

C'est en partant d'une conception scolastique, abstraite et non réelle, de la révélation et du dogme, que l'on en vient à condamner tout le fruit de la réflexion chrétienne sur l'objet du christianisme. Il est clair que, si l'essence immuable de l'Évangile avait été la seule foi au Dieu Père, tout le développement chrétien dans l'ordre de la doctrine, aussi bien que dans l'ordre de l'organisation ecclésiastique et du culte, serait une vaste aberration. Mais, outre que l'Évangile n'est pas tout entier dans une telle foi, il serait absurde de supposer que l'énoncé de celle-ci aurait pu demeurer invariable et qu'il pourrait le devenir, si l'on jugeait à propos de s'en contenter. Au cas où l'attention des premiers fidèles n'eût pas été tournée vers le Fils de Dieu, elle se serait dirigée vers le Père lui-même, s'occupant de sa nature et de ses rapports avec le monde, ce qui ramenait la spéculation vers la cosmologie. Elle se serait appliquée à cette bonté, qui avait sa signification essentielle par rapport aux hommes, et elle aurait cherché à en définir les manifestations historiques, ou bien l'action secrète dans chaque âme croyante, ce qui conduisait encore à la christologie et à l'économie de la grâce divine. Elle aurait été tôt ou tard induite à envisager les conditions normales de l'évangélisation, ce qui posait le problème de l'ecclésiologie. Le développement doctrinal chrétien était fatal, donc légitime en principe ; dans l'ensemble, il a servi la cause de l'Évangile, qui ne pouvait subsister en essence pure, et qui, traduit perpétuellement en doctrines vivantes, a vécu lui-même dans ces doctrines, ce qui rend le développement légitime en fait [11].

On dit volontiers que l'Église catholique ne reconnaît pas même l'existence de ce développement et qu'elle en condamne jusqu'à l'idée. Peut-être serait-il plus vrai de dire qu'elle n'en a pas pris conscience et qu'elle n'a pas de théorie officielle touchant la philosophie de sa propre histoire. Ce que Vincent de Lérins, les théologiens modernes (sauf le Cardinal Newman) et le concile du Vatican enseignent touchant le développement du dogme, s'applique, en réalité, à la phase proprement intellectuelle et théologique du développement, non à l'éclosion même et à la formation des croyances, ou bien figure, sous une définition abstraite, tout un travail dont cette définition est bien loin d'être l'expression adéquate. C'est la notion même du développement qui a maintenant besoin de se développer, et l'on n'a pas à la créer de toutes pièces, mais à la constituer d'après une meilleure connaissance du passé. L'acquisition de ce dogme nouveau ne se fera pas autrement que celle des anciens. Ceux-ci n'étaient pas contenus dans la tradition primitive comme une conclusion dans les prémisses d'un syllogisme, mais comme un germe dans une semence, un élément réel et vivant, qui devait se transformer en grandissant, se déterminer par la discussion avant de se cristalliser dans une formule solennelle. Ils existaient à l'état de fait ou de croyance plus ou moins consciente, avant d'être l'objet de spéculations savantes et de jugements officiels. Le dogme christologique fut avant tout l'expres-

IV. LE DOGME CHRÉTIEN

sion de ce que Jésus était, depuis le commencement, pour la conscience chrétienne ; le dogme de la grâce fut l'expression de l'œuvre divine qui s'accomplissait dans les âmes régénérées par F Évangile ; le dogme ecclésiologique fut l'expression du rôle séculaire de l'épiscopat et de la papauté dans l'Église. Si jamais une conclusion dogmatique est formulée sur le développement chrétien, on peut présumer que ce sera l'expression de la loi de progrès qui, depuis l'origine, gouverne l'histoire du christianisme. Jusqu'à présent les théologiens catholiques ont été surtout préoccupés du caractère absolu que le dogme tient de sa source, la révélation divine, et les critiques n'ont guère vu que son caractère relatif, manifesté dans son histoire. L'effort de la saine théologie devrait tendre à la solution de l'antinomie que présentent l'autorité indiscutable que la foi réclame pour le dogme, et la variabilité, la relativité que le critique ne peut s'empêcher de remarquer dans l'histoire des dogmes et dans les formules dogmatiques.

On a vu comment tout le développement de la doctrine chrétienne n'est pas en dehors de la foi, mais bien dans la foi, qui le domine tout entier. Le principe traditionnel et le sens religieux l'ont toujours emporté sur le besoin d'adaptation scientifique et ont sauvé l'originalité du christianisme. Les anciens dogmes ont leur racine dans la prédication et le ministère du Christ, dans les expériences de l'Église, et ils ont leur développement dans l'histoire du christianisme et dans la pensée théologique : il ne pouvait pas en être autrement. Et ce qui n'est pas moins naturel, c'est que les symboles et les définitions dogmatiques soient en rapport avec l'état général des connaissances humaines dans le temps et le milieu où ils ont été constitués. Il suit de là qu'un changement considérable dans l'état de la science peut rendre nécessaire une interprétation nouvelle des anciennes formules, qui, conçues dans une autre atmosphère intellectuelle, ne se trouvent plus dire tout ce qu'il faudrait, ou ne le disent pas comme il conviendrait. Dans ce cas, l'on distinguera entre le sens matériel de la formule, l'image extérieure qu'elle présente, et qui est en rapport avec les idées reçues dans l'Antiquité, et sa signification proprement religieuse et chrétienne, l'idée fondamentale, qui peut se concilier avec d'autres vues sur la constitution du monde et la nature des choses. L'Église répète encore chaque jour, dans le Symbole des apôtres : « Il est descendu aux enfers, il est monté aux cieux. » Ces propositions ont été prises à la lettre pendant de longs siècles. Les générations chrétiennes se sont succédé en croyant l'enfer, le séjour des damnés, sous leurs pieds, et le ciel, le séjour des élus, au-dessus de leurs têtes. Ni la théologie savante ni même la prédication populaire ne maintiennent aujourd'hui cette localisation ; et l'on ne peut pas davantage déterminer localement le séjour de l'âme du Christ, dans l'intervalle de sa mort et de sa résurrection, ni celui de son humanité glorifiée, depuis l'ascension. Le sens proprement dogmatique de ces articles reste le même, puisque l'on enseigne toujours un rapport transitoire de l'âme du Christ avec les justes de l'ancienne Loi, et la glorification de son humanité ressuscitée. Peut-on dire néanmoins, devant la transformation subie par le sens apparent des formules, que la théologie de l'avenir ne se fera pas une idée plus spirituelle encore de leur contenu ? Il est bien vrai que l'Église corrige ses formules dogmatiques au moyen de distinctions parfois subtiles. Mais, en agissant ainsi, elle continue ce qu'elle a fait depuis le commencement, elle adapte l'Évangile à la condition perpétuellement changeante de l'intelligence et de la vie humaines.

Il n'est pas indispensable à l'autorité de la croyance qu'elle soit rigoureusement immuable dans sa représentation intellectuelle et dans son expression verbale. Une telle immutabilité n'est pas compatible avec la nature de l'esprit humain. Nos connaissances les plus certaines dans l'ordre de la nature et de la science sont toujours en mouvement, toujours relatives, toujours perfectibles. Ce n'est pas avec les éléments de la pensée humaine que l'on peut construire un édifice éternel. La vérité seule est immuable, mais non son image dans notre esprit. La foi s'adresse à la vérité immuable, à travers la formule nécessairement inadéquate, susceptible d'amélioration, conséquemment de changement. Quand Jésus disait avec solennité : « Je vous dis en vérité que, parmi ceux qui sont ici, il en est qui ne goûteront pas la mort avant de voir le Fils de l'homme venant dans son règne [12] », il émettait une proposition dogmatique beaucoup moins absolue au fond qu'en apparence ; il demandait la foi au royaume prochain ; mais l'idée du royaume et celle de sa proximité étaient deux symboles très simples de choses extrêmement complexes, et ceux mêmes qui y ont cru les premiers ont dû s'attacher à l'esprit plus qu'à la lettre de cette promesse pour la trouver toujours vraie. Les formules dogmatiques sont dans la même condition que les paroles du Sauveur, et il n'est pas démontré qu'elles soient sans objet, parce que l'on découvre, à un moment donné, que la réalité les dépasse.

La logique singulièrement défectueuse qui semble présider à la formation et à la croissance des dogmes n'a rien que de très intelligible, et l'on peut dire de régulier, pour l'historien, qui considère les preuves de la croyance comme une expression de sa vitalité plutôt que comme les raisons véritables de son origine. Rien de plus précaire, au point de vue des règles communes du raisonnement humain et de la critique des textes, que certains arguments par lesquels on a appuyé l'Évangile sur l'Ancien Testament, et le christianisme catholique sur la Bible tout entière. L'œuvre de l'exégèse traditionnelle, d'où l'on dirait que le dogme sort par une lente et continuelle élaboration, semble en contradiction permanente avec les principes d'une interprétation purement rationnelle et historique. Il est toujours sous-entendu que les anciens textes bibliques, et aussi les témoins de la tradition doivent contenir la vérité du temps présent ; et on l'y trouve parce qu'on l'y met. Les théologiens catholiques ont eu un sentiment assez juste de cet état de choses lorsqu'ils ont établi que l'infaillibilité de l'Église s'applique aux définitions dogmatiques, non aux considérants qui les ont motivés, quand même ces considérants seraient exprimés dans les déclarations officielles des conciles et des papes. Une distinction du même genre ne serait pas inutile pour le Nouveau Testament, où l'on voit la résurrection des morts démontrée par le texte : « Je suis le Dieu d'Abraham, d'Isaac et de Jacob [13] », l'histoire d'Agar et de Sara certifier l'indépendance du chrétien à l'égard de la Loi mosaïque [14], et, d'une manière générale, les

IV. LE DOGME CHRÉTIEN

citations de l'Écriture ancienne appliquées dans un sens qui ne leur appartient pas originairement. Pour ce qui est de la tradition, il suffit de rappeler comment les Pères et les théologiens prouvent la trinité des personnes divines par la parole de la Genèse : « Faisons l'homme à notre image et à notre ressemblance [15] », et par les trois anges qui ont fait visite à Abraham [16] ; comment les deux épées que Pierre est censé emporter à Gethsémani [17] démontraient, selon Boniface VIII et les docteurs du Moyen Âge, le double pouvoir, spirituel et temporel, des papes. On sait, d'autre part, comment des textes parfaitement clairs, tels que les plaintes de Job et des psalmistes sur l'anéantissement de l'homme par la mort, les assertions du Sauveur et des apôtres sur la fin prochaine du monde, la parole du Christ johannique [18] : « Le Père est plus grand que moi », ne sont pas censés établir ce qu'ils signifient naturellement. Ne dirait-on pas que, dans l'ordre des choses religieuses et morales, la logique humaine se moque d'elle-même, que l'effort vers le mieux devance les raisonnements qui le justifient, et qu'il porte en soi une vérité supérieure à celle des arguments dont on l'autorise ? Aussi bien la meilleure apologie de tout ce qui vit est-elle dans la vie même. Tout l'échafaudage des arguments théologiques et apologétiques n'est qu'une tentative, d'ailleurs nécessaire, pour se figurer le rapport du passé avec le présent, ainsi que la continuité de la religion et du progrès religieux depuis le commencement. Les artifices de l'interprétation servent à élargir et à spiritualiser sans cesse la signification des symboles, à promouvoir le développement et l'intelligence de la religion, par la perception toujours renouvelée d'analogies plus hautes et plus dignes de leur objet mystérieux. Des imperfections extérieures, qui sont surtout des imperfections par rapport à nous et à la connaissance critique des sources de l'histoire, à l'éducation moderne de l'esprit, ne rendent pas ce grand travail caduc et ne portent pas préjudice à l'importance de ses résultats. Si l'Évangile avait été une thèse de philosophie, cette thèse aurait été fort mal construite et développée. Mais comme l'Évangile était une religion vivante, l'œuvre théologique des siècles chrétiens atteste que cette religion a réellement vécu : mouvement infiniment puissant dont ceux qu'il portait et qui le portaient n'avaient qu'une conscience partielle, et dont ceux qui aujourd'hui essaient de l'analyser sont incapables de pénétrer toute la profondeur. Combien il est vain, parce que l'efflorescence doctrinale de cette grande vie apparaît comme fanée, de proclamer la fin des dogmes et de s'imaginer que la fécondité de la pensée chrétienne est définitivement épuisée, que le vieil arbre ne pourra pas rajeunir sa parure pour une époque nouvelle, comme pour un nouveau printemps !

Dès que l'on croit à l'Évangile, il est impossible qu'on ne pense pas ce que l'on croit, qu'on ne travaille pas sur cette pensée, et qu'on ne produise la théologie de sa foi. Il est pareillement impossible que l'on garde cette foi sans la transmettre, car elle demande à être communiquée, étant espérance et charité universelles ; et elle ne peut être communiquée sans un enseignement donné, sans un dogme régulièrement proposé à la croyance. Il y a une pédagogie de la foi. Tant que l'on raisonne dans l'abstrait, on peut dire que la foi naît dans l'âme au contact de l'Évangile proposé dans sa lettre. Mais, en fait, la foi naît de l'instruction chrétienne, et l'on explique l'Évangile à ceux que l'on instruit dans la foi. La distinction des majeurs et des mineurs est donc inévitable. On ne peut pas faire que la science de la religion n'existe pas, ou qu'elle soit indifférente à la conservation de la foi dans un milieu cultivé. On ne peut pas faire non plus que cette science soit immédiatement accessible à tous, et que tous soient docteurs en religion. Dès l'origine, on n'a pu faire que tous les croyants fussent apôtres. Dans les conditions où l'Évangile subsiste en ce monde, il a besoin de maîtres pour se propager et de doctrine pour s'exprimer. Une société durable, une Église peut seule maintenir l'équilibre entre la tradition qui conserve l'héritage de la vérité acquise, et le travail incessant de la raison humaine pour adapter la vérité ancienne aux états nouveaux de la pensée et de la science. Il est inconcevable que chaque individu puisse recommencer sur nouveaux frais l'interrogatoire du passé, et qu'il reconstruise, pour son usage, toute la religion. Là comme ailleurs chacun est aidé par tous, et tous par chacun. Il n'y a même pas lieu de s'étonner que l'Église se présente comme la maîtresse infaillible de ces croyants qui, sans elle, vont à l'aventure. Son attitude est tout aussi facile à comprendre que celle des théologiens protestants qui, voyant l'impuissance de l'individu à formuler pour d'autres que pour lui-même un symbole de croyance, et ne connaissant d'autre principe religieux que l'individualisme, se réfugient dans une seule idée, qu'ils veulent croire uniquement évangélique, et accessible par elle-même à toutes les âmes. Mais leur hypothèse a l'inconvénient d'être gratuite et impraticable, tandis que l'hypothèse catholique est une institution réelle qui continue l'Évangile réel. Ce n'est pas sans cause que Luther avait gardé un dogme, et que le protestantisme organisé tend malgré lui à l'orthodoxie.

Est-ce à dire que le dogme chrétien devienne ainsi une croyance toute faite, devant laquelle il est sage de s'incliner, sans y regarder de trop près, pour ne pas s'exposer à la contredire ? De même que la constante flexibilité de l'enseignement ecclésiastique fait que nul conflit du dogme avec la science ne peut être considéré comme irréductible, le caractère même de cet enseignement fait que l'autorité de l'Église et de ses formules n'est pas incompatible avec la personnalité de la foi, et n'entraîne pas nécessairement cette minorité perpétuelle qui semble aux théologiens protestants la condition normale du croyant catholique. L'Église n'exige pas la foi à ses formules comme à l'expression adéquate de la vérité absolue, mais elle les présente comme l'expression la moins imparfaite qui soit moralement possible ; elle demande qu'on les respecte selon leur qualité, qu'on y cherche la foi, qu'on s'en serve pour la transmettre ; le formulaire ecclésiastique est l'auxiliaire de la foi, la ligne directrice de la pensée religieuse ; il ne peut pas être l'objet intégral de cette pensée, vu que cet objet est Dieu même, le Christ et son œuvre ; chacun s'approprie l'objet comme il peut, avec le secours du formulaire. Comme toutes les âmes et toutes les intelligences diffèrent les unes des autres, les nuances de la foi sont aussi d'une variété infinie, sous la direction unique de l'Église et dans l'unité de son symbole. L'évolution incessante de la doctrine se fait par le travail des individus, selon que leur activité réagit sur l'activité

IV. LE DOGME CHRÉTIEN

générale ; et ce sont les individus qui, pensant avec l'Église, pensent aussi pour elle. Ce n'est pas ici le lieu d'examiner si la tendance du catholicisme moderne n'a pas été trop tutélaire, si le mouvement de la pensée religieuse et même scientifique n'en a pas été quelque peu gêné. On veut montrer simplement que la conception catholique du dogme et de la foi n'exclut ni le caractère personnel de la foi ni la vitalité du dogme.

---

1. P. 115.
2. P. 127.
3. P. 128.
4. P. 131.
5. P. 142-147.
6. P. 160-163.
7. P. 182-185.
8. I COR. XV, 35-57.
9. Cf. ROM. V.
10. II COR. III, 6.
11. « Le long travail, qui commence déjà avec saint Paul, pour trouver une expression réfléchie à la vérité nouvelle du christianisme, en empruntant les formes de la pensée grecque ; la méticuleuse poursuite de la clarté et du système, dans la philosophie scolastique ; la conscience croissante de l'insuffisance des résultats ainsi obtenus ; le nouvel effort de la pensée moderne pour recréer sa logique et sa métaphysique, et refondre par ce moyen sa morale et sa théologie ; tout cela n'a pas été un gaspillage de forces en dehors du droit chemin et pour y revenir. Chaque étape de ce long voyage était indispensable au résultat, et survit dans le résultat comme un élément nécessaire. Et si l'humanité n'avait pas passé à travers cette expérience, il faudrait qu'elle la recommençât ou en fît une semblable. » E. CAIRD, *art. cit.* p. 10.
12. MATTH. XVI, 28.
13. MARC, XII, 26 (Ex. III, 6).
14. GAL. IV, 21-31.
15. GEN. X, 6.
16. GEN. XVIII, 2.
17. LUC, XXII, 38 (JEAN, XVIII, 10).
18. JEAN, XIV, 28.

V. LE CULTE CATHOLIQUE

L'histoire ne connaît pas de religion sans culte, et par conséquent l'existence du culte chrétien n'a rien qui doive surprendre. Mais l'on conçoit non moins facilement que, si l'essence du christianisme est telle que l'a définie M. Harnack, ce christianisme pur exclut tout culte extérieur.

Cas singulier d'une religion qui semblerait faite pour des légions angéliques, dont chaque individu constituerait une espèce, et non pour des hommes destinés à vivre ensemble sur la terre.

I

Comme la rupture avec le judaïsme avait obligé la communauté primitive à prendre la forme d'une société distincte, elle la conduisit aussi à se donner des pratiques de culte. « Aucun mouvement religieux ne peut rester sans corps [1]. » Toutefois, on nous dit que la fixation du culte chrétien résulta de la lutte soutenue par l'Église contre le gnosticisme. L'Église prit des formes analogues à celles qu'elle réprouvait chez ses adversaires [2]. À la fin du second siècle, elle est un organe de culte, la séparation des prêtres et des laïques est un fait accompli, et des intermédiaires sont admis entre Dieu et l'homme. Comme la philosophie grecque avait influencé la croyance chrétienne à partir de l'an 130, un nouveau stade de l'hellénisation commence vers 220-230 : « alors les mystères et la civilisation grecques, dans toute l'ampleur de leur développement, agissent sur l'Église, mais non la mythologie et le polythéisme. Dans le siècle suivant, l'hellénisme tout entier, avec toutes ses créations et acquisitions, s'établit dans l'Église catholique. Là aussi il y eut des réserves, mais elles ne consistèrent souvent qu'en un changement d'étiquettes, la chose étant prise telle quelle ; et dans le culte des saints naît un christianisme de bas étage [3]. » À la considérer par le dehors, l'Église grecque, et, pour ce qui est du culte, l'on peut en dire autant de l'Église romaine, a recueilli les impressions, les superstitions, les connaissances, les pratiques de siècles infinis ; avec ses rites solennels, ses reliques, ses images, ses prêtres, ses moines et ses mystères, elle se rattache aux cultes helléniques de l'époque néoplatonicienne, non à l'Église des premiers siècles. « Elle n'apparaît pas comme une création chrétienne avec une trame grecque, mais comme une création grecque avec une trame chrétienne. Les chrétiens du premier siècle l'auraient combattue comme ils combattaient le culte de la *Magna Mater* et de *Zeus Soter*... C'est le produit naturel de l'alliage fait avec l'hellénisme, déjà décomposé par l'influence orientale, et la prédication chrétienne [4]. » Le culte en esprit et en vérité devient un culte de signes, de formules et d'idoles : « Jésus-Christ s'est laissé crucifier pour détruire cette sorte de religion [5]. » Le mystère grec s'associe dans l'Église latine à l'idée du contrat, du salut rattaché à des conditions déterminées ; les sacrements y sont des moyens d'union à Dieu, que l'on conçoit comme des actes obligatoires ; la discipline de la pénitence ressemble à un code de procédure civile ; même en tant que dispensatrice du salut, l'Église romaine est une institution juridique, aussi « polythéiste » d'ailleurs que l'Église grecque [6]. Luther avait raison de penser que la grâce ne se donne point par morceaux, et que la grâce unique est Dieu même, que toute la doctrine des sacrements est un « attentat à la majesté de Dieu et une servitude des âmes » ; mais il a eu tort de se laisser entraîner dans des controverses affligeantes sur les moyens de grâce, sur la cène et le baptême des enfants, où il était en danger d'échanger sa haute idée de la grâce divine contre l'idée catholique ; à cet égard, l'héritage qu'il a laissé à son Église a été funeste [7].

II

On peut dire que Jésus au cours de son ministère n'a ni prescrit à ses apôtres ni pratiqué lui-même aucun règlement de culte extérieur qui aurait caractérisé l'Évangile comme religion. Jésus n'a pas plus réglé d'avance le culte chrétien qu'il n'a réglé formellement la constitution et les dogmes de l'Église. C'est que, dans l'Évangile, le christianisme n'était pas encore une reli-

V. LE CULTE CATHOLIQUE

gion existant par elle-même. Il ne se posait pas en face du judaïsme légal ; les rites mosaïques, pratiqués par le Sauveur et ses disciples, tenaient lieu d'autre institution et satisfaisaient au besoin qu'a toute religion de s'exprimer dans un culte. L'Évangile, comme tel, n'était qu'un mouvement religieux, qui se produisait au sein du judaïsme, pour en réaliser parfaitement les principes et les espérances. Ce serait donc chose inconcevable que Jésus, avant sa dernière heure, eût formulé des prescriptions rituelles. Il n'a pu y songer qu'à ce moment suprême, lorsque l'accomplissement immédiat du règne messianique apparut comme impossible en Israël, et qu'un autre accomplissement, mystérieux dans sa perspective, obtenu par la mort du Messie, resta la dernière chance du royaume de Dieu sur la terre. La cène eucharistique se montre alors comme le symbole du royaume que doit amener le sacrifice de Jésus. Encore est-il que l'eucharistie, au jour de sa célébration première, signifie plutôt l'abrogation du culte ancien et l'avènement prochain du royaume, que l'institution d'un nouveau culte, le regard de Jésus n'embrassant pas directement l'idée d'une religion nouvelle, d'une Église à fonder, mais toujours l'idée du royaume des cieux à réaliser.

Ce fut l'Église qui vint au monde, et qui se constitua de plus en plus, par la force des choses, en dehors du judaïsme. Par là le christianisme devint une religion distincte, indépendante et complète ; comme religion, il eut besoin d'un culte, et il l'eut. Il l'eut tel que ses origines lui permettaient ou lui commandaient de l'avoir. Ce culte fut d'abord imité du judaïsme, en tant qu'il s'agit des formes extérieures de la prière, et aussi de certains rites importants, comme le baptême, les onctions d'huile, l'imposition des mains. L'acte capital, le repas eucharistique, était bien la création de Jésus. Ce fut, dans l'Église des gentils, le grand mystère, sans lequel on n'aurait pas trouvé que le christianisme fût une religion parfaite. Il y avait déjà un culte organisé dans les communautés apostoliques, et la promptitude avec laquelle il se constitua montre bien qu'il répondait à une nécessité intime, inéluctable, du nouvel établissement. L'impossibilité de gagner des prosélytes à une religion sans formes extérieures et sans actes sanctifiants aurait été absolue : il fallait que le christianisme fût un culte, sous peine de n'exister pas. C'est pourquoi il fut, et dès son origine, le culte le plus vivant qui se puisse imaginer. Essayons seulement de nous représenter ces baptêmes, avec l'imposition des mains et les manifestations sensibles de l'esprit divin, cette fraction du pain et ce repas où l'on sentait présent le Maître qui venait de quitter la terre, les chants d'actions de grâce qui s'envolent des cœurs, les signes, parfois étranges, d'un enthousiasme qui déborde. N'est-il pas vrai que, s'il n'y a là aucune croyance froide et abstraite, il n'y a pas non plus de rite qui soit purement symbolique et comme l'expression matérielle d'une telle croyance ? Tout est vivant, et la foi et les rites, et le baptême et la fraction du pain : le baptême, c'est l'Esprit, et l'eucharistie c'est le Christ. On ne spécule pas sur le signe, on ne parle pas d'efficacité physique du sacrement dans le baptême, ni de transsubstantiation dans l'eucharistie ; mais ce qu'on croit et ce qu'on dit va presque au-delà de ces assertions théologiques. Le culte de cet âge primitif pourrait se définir : une sorte

V. LE CULTE CATHOLIQUE

de réalisme spirituel, qui ne connaît pas de purs symboles et qui est essentiellement sacramentel par la place qu'y tient le rite comme véhicule de l'Esprit et moyen de vie divine. Saint Paul et l'auteur du quatrième Évangile en sont témoins.

La même nécessité qui présida aux origines du culte chrétien a produit son accroissement. Le culte de l'Église apostolique pouvait répondre aux besoins essentiels de la société chrétienne dans tous les temps ; en sa forme particulière, il répondait aux conditions spéciales du christianisme naissant. Comme l'Église n'atteignit pas du premier coup son développement normal, qu'elle n'a pas cessé de poursuivre, son culte aussi s'est développé et se développe sous l'influence permanente du principe qui l'a fait naître. Il en avait été ainsi du culte israélite. C'est par un effet de perspective théologique, et au point de vue de la foi, que ce culte est présenté dans les Livres saints comme un tout homogène, procédant d'une révélation divine qui a réglé jusqu'aux moindres détails de la liturgie et du costume sacerdotal. Dans la réalité, Moïse, autant que son rôle peut être saisi par l'historien, n'a fait, toute proportion gardée, pour le culte israélite, que ce que l'Église apostolique a fait pour le culte chrétien : il en a autorisé ou institué la pratique fondamentale, le culte de l'arche où Iahvé, le Dieu d'Israël, était présent sans image sensible. Tout le reste de l'appareil cultuel a pu être emprunté avant Moïse ou l'a été après lui à d'autres religions, moyennant certains changements qui ont atteint le sens plutôt que la forme des rites. Tout en courant le risque de se corrompre par le mélange d'éléments étrangers, le culte mosaïque a réalisé successivement les transformations que réclamaient sa conservation et son progrès. Les Juifs contemporains de la captivité descendaient des Hébreux compagnons de Moïse, de Josué, de David, et des Chananéens qui s'étaient peu à peu assimilés aux fils d'Israël. Lorsque des groupes humains se mêlent ainsi, ce ne sont pas seulement les qualités physiques des races qui se confondent, mais les qualités intellectuelles et morales, les coutumes, les traditions. Plus d'un rite chananéen a été canonisé dans le Deutéronome et dans le Code lévitique. Il aurait été tout aussi difficile de discerner, dans le type juif du Ve siècle avant notre ère, les traits venus de Chanaan, que, dans le Pentateuque, l'apport de la tradition non israélite. L'ensemble du culte, si diverse que fût la provenance de ses éléments, était un par l'esprit qui le pénétrait, et qui était l'esprit de Moïse et des prophètes, par lequel avait été éliminé ou neutralisé l'esprit de la tradition païenne.

Ce qui est arrivé dans l'histoire de la religion israélite est arrivé aussi dans celle du christianisme catholique, mais en des conditions différentes, c'est-à-dire plus régulières et moins périlleuses. Supposé que l'on puisse démontrer l'origine païenne d'un certain nombre de rites chrétiens, ces rites ont cessé d'être païens lorsqu'ils ont été acceptés et interprétés par l'Église. Supposé que le grand développement du culte des saints, des reliques, de la Vierge, soit dû, en quelque façon, à une influence païenne, il ne sera pas condamné par le seul fait de cette origine. Si la prédication apostolique n'avait converti que des Juifs, il n'y aurait pas eu, à proprement parler, de culte chrétien, pas plus qu'il n'y aurait eu d'Église ni de dogme chrétiens.

V. LE CULTE CATHOLIQUE

Mais le christianisme, en restant juif, ne pouvait pas être une religion universelle, il n'aurait pas été le christianisme ; et pour être universel, il ne suffisait pas qu'il dépouillât sa forme juive. On ne peut pas soutenir qu'il n'avait aucun besoin de prendre une forme grecque, romaine ou germanique, qu'il aurait dû conquérir le monde par la seule force de ses principes. Les principes sont l'âme de la religion ; mais les principes, sans les institutions et les doctrines religieuses, sont, en toute vérité, une âme sans corps, quelque chose qui n'a ni réalité ni consistance dans l'ordre de la vie présente. Or les institutions, les formes extérieures et traditionnelles, qui sont indispensables à l'existence et à la conservation d'une religion, sont nécessairement adaptées, de manière ou d'autre, au milieu où elles s'établissent ; elles résultent même, jusqu'à un certain point, de ce milieu, l'adaptation se faisant en vertu d'une action réciproque, parce que si la religion marque de son influence les hommes qui l'acceptent, les hommes à leur tour, peuples ou individus, donnent aussi leur empreinte à la religion qu'ils ont reçue.

Le nombre, la variété, même, dans une certaine mesure, la qualité des symboles, sont quelque chose d'indifférent en soi ou de secondaire : ce qui leur donne crédit est l'accoutumance ; leur valeur tient au sens qu'on y attache. Que vaut par lui-même le rite de la circoncision ? Moins que rien, car on peut le trouver grossier, absurde et ridicule. Néanmoins, au temps d'Antiochus Épiphane, quand il se trouva être le symbole de la fidélité à Dieu, c'était quelque chose de saint, de noble et de respectable. Il serait puéril de reprocher aux Juifs d'avoir pratiqué la circoncision, et aux prophètes de ne l'avoir pas réprouvée. À aucune époque de l'histoire, avant le grand ébranlement provoqué par le christianisme et par la conversion des païens à Jésus en dehors de la Loi, l'idée de s'en passer ne pouvait venir à aucun Juif pieux, et il aurait été insensé de vouloir la supprimer. C'est la considération des gentils qui obligea l'Église apostolique à ne point l'exiger. Mais les gentils, qui obtenaient ainsi d'être dispensés d'une coutume juive, pouvaient bien obtenir, d'autre part, la conservation de leurs propres usages, à condition d'y joindre un sens chrétien. Ils ne pouvaient pas se retrouver dans le judaïsme ; mais pour se retrouver dans le christianisme, ils avaient besoin d'y mettre quelque chose d'eux-mêmes, formes de pensée et formes de culte. L'Église n'a rien adopté qui ressemble à la circoncision ; elle a proscrit tous les rites sanglants et magiques des religions anciennes ; par là elle a garanti, autant qu'il était possible et nécessaire, le caractère spirituel de la religion chrétienne. Mais de même que telle façon de se représenter Dieu, l'économie du salut, la rédemption, l'action du Christ glorifié, peut n'être pas sans analogie ou rapport historique avec les conceptions philosophiques ou religieuses de l'Antiquité gréco-romaine, de même le culte catholique peut tenir quelque chose des anciennes religions qu'il a supplantées. Il ne pouvait faire autrement dès qu'il prenait leur place ; le christianisme ne pouvait devenir la religion des Grecs, des Romains, des Germains, sans se faire tout à eux, sans prendre d'eux beaucoup de choses, sans qu'ils entrassent, pour ainsi dire, eux-mêmes dans le christianisme, et en fissent vraiment leur religion. En matière de culte, le sentiment religieux des masses a

V. LE CULTE CATHOLIQUE 149

toujours précédé les définitions doctrinales de l'Église sur l'objet de ce culte. Le fait est plein de signification : il atteste la loi qui réclame un culte approprié à toutes les conditions d'existence et au caractère du peuple croyant. La communion réelle au Christ dans l'eucharistie fut exigée aussi impérieusement par la conscience chrétienne que la divinité de Jésus ; cependant la divinité du Christ n'est pas un dogme conçu dans l'esprit de la théologie juive, et l'eucharistie n'est pas non plus un rite juif ; dogme et rite sont spécifiquement chrétiens et procèdent de la tradition apostolique, ce qui n'empêche pas que, dans la façon traditionnelle d'entendre le premier, on ne sente l'influence de la sagesse grecque, et, dans la façon d'entendre le second, un élément qui sans doute appartient au fond commun de plusieurs religions, sinon de toutes, mais qui rappelle de plus près les mystères païens que la conception décolorée du sacrifice dans le judaïsme postexilien. Pour ne pas se faire grec, romain ou germain dans son culte, il eût fallu que le christianisme s'abstînt de venir et de vivre chez les Grecs, les Romains et les Germains. L'adaptation du christianisme était inévitable. Toute la question est de savoir si elle a servi la propagation et la conservation de l'Évangile, ou bien si l'Évangile s'y est lui-même perdu. L'institution du ministère ecclésiastique, les sacrements, le culte du Christ, de la Vierge, des anges et des saints, ont-ils compromis l'Évangile et répugnent-ils à son esprit ?

Puisque le christianisme est devenu une religion et que, devenant une religion, il est devenu un culte, il avait besoin de ministres. Des réunions nombreuses ne peuvent régulièrement et fréquemment se tenir sans chefs, présidents, surveillants et officiers subalternes qui en assurent le bon ordre. Le collège des anciens, plus ou moins imité des synagogues, fut, dans chaque communauté, ce que le collège apostolique avait été d'abord dans la communauté de Jérusalem. L'attribution de la présidence aux anciens allait de soi, et il était naturel aussi que l'un d'entre eux occupât la première place dans la célébration de la cène. L'hypothèse d'un roulement de fonctionnaires, d'une présidence exercée alternativement par chaque ancien, qui a été mise en avant par certains critiques, ne s'autorise d'aucun témoignage, et elle manque de vraisemblance. À côté des chefs, les anciens, *presbytres* (prêtres) ou *épiscopes* (évêques), il y eut des ministres inférieurs, les diacres. Quand le ministère extraordinaire des apôtres et des prédicateurs itinérants, quand l'enthousiasme qui suscitait les prophètes, tombèrent, comme ils devaient tomber, vers la fin du premier siècle, la charge de l'enseignement et la direction de la communauté passèrent tout entières aux chefs résidants, on peut dire aux administrateurs, qui sans doute les exerçaient en partie depuis l'origine. Ils décidèrent seuls de l'admission des néophytes, et, sauf les cas exceptionnels, conférèrent seuls le baptême ; à mesure qu'il y eut lieu d'organiser une discipline de la pénitence pour les chrétiens baptisés, ils en déterminèrent les conditions. La hiérarchie d'ordre, à trois degrés, se trouva constituée lorsque le premier des anciens se détacha réellement du groupe presbytéral et garda pour lui le titre d'évêque. Les besoins du service liturgique déterminèrent plus tard la création de ministères inférieurs qui sont comme un démembrement du diaconat : l'Église d'Orient eut des

V. LE CULTE CATHOLIQUE 151

sous-diacres et des lecteurs, ses exorcistes pratiquant leur ministère individuellement et ne constituant pas un ordre du clergé ; l'Église d'Occident eut des sous-diacres, des acolytes, des lecteurs, des exorcistes, qui avaient un emploi régulier dans les cérémonies préliminaires du baptême, et des portiers. Toutefois les ordres inférieurs au sous-diaconat, plus tard même le sous-diaconat et enfin le diaconat ont fini par n'être plus, dans l'Église latine, que des degrés préparatoires au sacerdoce, qui reste le seul ministère vraiment actif au-dessous de l'épiscopat. Les fonctions liturgiques des autres ordres ont cessé, en fait, d'être spécialisées : les plus hautes sont exercées à l'occasion par des prêtres, et les inférieures par des laïques. Exemple très particulier de ce qu'on pourrait appeler un développement rentré, quelque chose comme une branche rabougrie, sur un arbre qui pousse vigoureusement dans une autre direction, ou comme l'indice d'un organe qui n'existe plus réellement dans un corps vivant.

L'organisation de ce service a été en rapport avec le développement du système sacramentel, et n'est pas à juger indépendamment de celui-ci. L'Église elle-même compte parmi les sacrements l'ordre, c'est-à-dire la cérémonie par laquelle ses ministres sont investis de leurs pouvoirs. En ce qui concerne leur origine, il en est des sacrements ainsi que de l'Église et du dogme, qui procèdent de Jésus et de l'Évangile comme des réalités vivantes et non comme des institutions expressément définies. C'est seulement à partir du XIIe siècle que la tradition occidentale est fixée sur leur nombre. L'Église primitive n'en connaissait que deux principaux, le baptême, auquel était associée la confirmation, et l'eucharistie ; le nombre des sacrements secondaires était indéterminé. Une telle indécision serait inexplicable si le Christ, au cours de sa vie mortelle, avait attiré l'attention de ses disciples sur sept rites différents, destinés à être la base du culte chrétien dans tous les siècles. Les sacrements sont nés d'une pensée et d'une intention de Jésus, interprétées par les apôtres et par leurs successeurs, à la lumière et sous la pression des circonstances et des faits. Ce peut être par une sorte d'anticipation que le quatrième Évangile montre le baptême chrétien en vigueur pendant le ministère du Sauveur. Toujours est-il que le Christ n'avait pas donné, avant sa mort, de précepte formel à ce sujet. Le baptême était un rite juif, remis spécialement en honneur par Jean-Baptiste, et Jésus lui-même avait reçu ce baptême de Jean. De même que le baptême du Seigneur avait servi d'introduction à l'Évangile, le baptême introduisait chaque fidèle dans la société évangélique, substituée au royaume des cieux. Ce n'était pas un pur symbole de la rémission des péchés et de la régénération spirituelle, mais le signe efficace de l'Esprit reçu par les fidèles, et de leur incorporation à l'Église. La notion et la pratique du baptême n'ont subi aucun changement important dans la tradition catholique. L'habitude de conférer le baptême aux enfants constitue un développement disciplinaire qui ne change pas la signification du sacrement, mais qui l'a peut-être un peu diminué et qui a contribué à le dédoubler dans la pénitence [8].

Le baptême, suivi de la confirmation et de la communion, était le rite de l'initiation chrétienne et de la rémission des péchés ; mais l'eucharistie restait le vrai sacrement de l'initié. On n'eut pas d'abord l'idée du chrétien pécheur et réconcilié ; et l'Église ne s'y habitua même que très lentement. On supposait que les défaillances communes étaient réparées par une sorte d'effet persévérant du baptême, par la prière, par la communion, par toutes les bonnes œuvres, surtout par les œuvres de charité. Les péchés très graves et scandaleux mettaient en dehors de l'Église et de l'économie régulière du salut ceux qui s'en rendaient coupables. Ceux-ci pourtant furent bientôt admis à une pénitence perpétuelle, acceptée de plein gré, dans l'intérêt de leur salut, bien que l'Église ne prît pas encore sur elle de pardonner, et qu'elle abandonnât le pécheur repentant à la miséricorde divine. Mais la multiplication des fautes devait produire l'indulgence et une institution de pardon. C'est à l'égard des fautes charnelles que la discipline s'adoucit d'abord : l'évêque de Rome, Calliste, décida que ces péchés pourraient être remis après un temps de pénitence plus ou moins long. Des concessions ne tardèrent pas à être faites sur les cas d'apostasie, notamment après la persécution de Dèce. Le principe de la pénitence temporaire et satisfactoire, avec réconciliation par l'autorité de l'Église, soit à l'article de la mort, soit après un laps de temps déterminé, se trouvait acquis : il existe comme un second baptême, et une planche de salut après le naufrage. Mais si la pénitence était ainsi devenue une institution chrétienne, et la réconciliation des pécheurs une fonction de l'Église, on ne songeait pas encore à employer le nom de sacrement pour désigner un tel objet : c'était un sacrement honteux. Le pécheur devait s'y soumettre, s'il aspirait à la réconciliation, mais quiconque passait par la pénitence publique, et il n'y en avait pas d'autre, était disqualifié comme chrétien ; les clercs n'y étaient admis qu'en perdant leur rang, et un pénitent réconcilié ne pouvait faire partie du clergé. Le discrédit qui atteignait la pénitence s'effaça progressivement, par la multiplication des cas où on la jugeait nécessaire ; par le fait que nombre de chrétiens se soumirent, en esprit de mortification, à un genre de vie fort analogue au régime de la pénitence ; enfin parce que ce régime se transforma pour faire place à celui de la pénitence privée. Le quatrième concile de Latran (1215) consacre définitivement celui-ci et le régularise : tous les péchés mortels doivent être soumis au propre pasteur ou prêtre, une fois l'an, en vue de la communion pascale, qui est déclarée obligatoire. Le prêtre enjoindra une pénitence proportionnée aux fautes et donnera l'absolution. Dès le XIIe siècle, la pénitence suit l'absolution au lieu de la précéder, ce qui contribue à augmenter dans l'absolution le caractère de grâce et lui donne même la forme d'une grâce sacramentelle. Le développement de la discipline a porté sur tout l'ensemble de l'institution, sujet et objet de la pénitence, déclaration des fautes, caractère, durée, place de la pénitence satisfactoire, et même sur la formule d'absolution, qui a d'abord été déprécative, l'évêque ou le prêtre demandant à Dieu le pardon de celui qu'ils réconciliaient, et qui est devenue impérative, le ministre de l'Église disant : « Je t'absous », parce qu'il rend une sentence et confère un sacrement. On sait que le développement ne s'est pas arrêté là, et que la pénitence, instituée en vue des péchés mortels commis après le baptême, est devenue, en fait, surtout à partir du concile de Trente, et dans l'Église des derniers siècles, une pratique commune de la perfection chrétienne, dont l'usage n'est négligé que par les vrais pécheurs. Le sacrement de pénitence a pris le caractère d'une discipline morale, dont l'efficacité ne peut être équitablement jugée que par ceux qui en usent. Et ceux-là y trouvent un secours, non un obstacle à la piété.

Le développement de l'eucharistie a été surtout théologique et liturgique. Le fond de la croyance et du rite n'a pas plus varié que pour le baptême. La cène des premiers chrétiens était un mémorial de la passion et une anticipation du festin messianique, où Jésus était présent. Il n'y a pas de différence très sensible entre la conception paulinienne de l'eucharistie et l'idée qu'en ont aujourd'hui les simples chrétiens, étrangers aux spéculations de la gnose théologique, et qui croient entrer en communion réelle avec le Christ-Dieu par la réception du pain consacré. Le culte chrétien tout entier se développa autour de la cène eucharistique. La simple bénédiction et la distribution du pain et du vin, détachées de l'agape, entourées de lectures, de prières, de chants, étaient devenues le sacrifice de la messe. Puisque la mort de Jésus était conçue comme un sacrifice, l'acte commémoratif de cette mort devait participer au même caractère. La forme liturgique contribuait aussi à le lui donner, par l'oblation réelle du pain et du vin, avec la participation de tous les fidèles aux mets sanctifiés, comme dans les sacrifices anciens. De là sortit l'idée d'un sacrifice commémoratif qui perpétuait simplement celui de la croix, n'enlevait rien à sa signification ni à son mérite, et qui s'offrait à toutes les intentions que comportait la prière commune de l'Église, intérêts spirituels et temporels, salut des vivants et des morts. Le sentiment chrétien qui a gardé, en un sens, la divinité de Jésus contre certaines spéculations de la métaphysique savante, a protégé l'eucharistie contre celles d'un symbolisme abstrait. Et comme l'évolution de la pénitence a fini par amener les confessions de dévotion, l'évolution du rite eucharistique aboutit aux messes privées, pour les prêtres, et aux communions de dévotion, pour les fidèles.

Jésus paraît avoir enjoint, ou permis, ou donné à ses disciples l'exemple de faire aux malades des onctions d'huile accompagnées de prières, pour les soulager ou même les guérir [9] : c'est, dans l'Évangile, tout le sacrement de l'extrême-onction. L'histoire de cette coutume dans les premiers siècles chrétiens est assez obscure. L'usage des onctions d'huile n'a probablement jamais cessé d'être pratiqué depuis les temps primitifs, mais l'emploi de l'huile bénite était très varié. L'onction des malades en danger de mort, par les mains du prêtre, se distingua des autres par sa signification particulière et son caractère plus solennel. Au point de vue historique, c'est ce qui lui valut d'être comptée parmi les sacrements, lorsqu'on s'occupa d'en dresser le catalogue, limité au nombre sept.

Le Christ a reconnu la monogamie comme une institution divine, et il a déclaré indissoluble l'union matrimoniale : c'est, dans l'Évangile, tout le sacrement de mariage. Le mariage des chrétiens fut de bonne heure l'objet d'une bénédiction spéciale ; néanmoins, cette prière de l'Église ne fut jamais regardée comme une consécration indispensable du lien conjugal. Ce qui contribua aussi à faire entrer le mariage dans la liste des sacrements, ce furent les paroles de l'Épître aux Éphésiens [10], où le mariage est présenté comme un symbole de l'union du Christ et de l'Église, et l'emploi du mot *sacramentum* dans la Vulgate latine, bien qu'il ait en cet endroit le sens de mystère allégorique et ne vise pas le mariage en lui-même comme un rite sacré.

Le système sacramentel se trouve ainsi embrasser et consacrer l'organisation hiérarchique de l'Église et les principaux moments de la vie chrétienne. Sans programme tracé d'avance, une institution s'est réalisée qui entoure l'existence humaine d'une atmosphère divine et qui est sans doute la création la plus considérable, par l'harmonie intime de toutes ses parties et par l'intensité de son influence, qui soit jamais sortie spontanément d'une religion vivante. Le temps où l'Église a fixé le nombre des sacrements n'est qu'un point particulier de ce développement, et n'en marque ni le commencement ni le terme. Le point de départ est celui qui a été indiqué, à savoir le baptême de Jésus et la dernière cène. Le terme est encore à venir, le développement sacramentel, tout en suivant les mêmes lignes générales, ne pouvant prendre fin qu'avec l'Église elle-même. Il ne faut donc pas s'exagérer l'importance de l'œuvre accomplie par les théologiens scolastiques, qui ont fixé, avant le concile de Trente, le nombre des sacrements et qui ont réuni sous la même rubrique, en retrouvant en chacun, selon la formule aristotélicienne, une matière et une forme, des actes aussi disparates que le baptême et le contrat matrimonial, l'absolution des péchés et l'extrême-onction. Toutes ces choses existaient, plus vivantes en elles-mêmes que dans la description étudiée que l'on essayait d'en faire, et elles n'ont pas cessé de déborder cette description, qui est, par rapport à elles, ce que serait une formule anatomique incomplète, relativement à un organisme réel. Envisagé historiquement, le développement de cet organisme accuse un effort persévérant du christianisme pour pénétrer de son esprit toute l'existence de l'homme. Cet effort n'appartient-il pas à l'essence d'une religion parfaite, et faut-il s'étonner qu'une religion qui a pris à elle, d'une manière absolue, non seulement son fondateur, mais les premières générations de ses adhérents, en leur demandant le sacrifice de leur vie, n'ait, pour ainsi dire, laissé en dehors de son action aucune partie de l'homme ni de la vie humaine. Elle considère l'homme comme lui appartenant tout entier. Cette prise de possession est signifiée, d'une certaine manière, par tous les sacrements et elle avait besoin de l'être. Le christianisme n'a pas échappé à la nécessité du symbole, qui est la forme normale du culte aussi bien que de la connaissance religieuse. Il signifie donc et proclame son droit, le droit de Dieu révélé en Jésus-Christ, en même temps qu'il agit sur l'homme, par des signes sensibles, rites et formules, appropriés aux fins particulières qu'il se propose. Les signes qu'il emploie n'ont pas été choisis au hasard, ils lui ont été comme suggérés ou imposés par la tradition du passé, les habitudes de vie, les circonstances. Il s'y est logé comme dans un abri indispensable, qui se trouvait à sa disposition ; puis l'évolution des rites a été conditionnée par l'évolution constante de la religion même et de la piété. Il fallait au christianisme des signes sacramentels, il lui en fallait en assez grand nombre ; ils ont été tels que les indiquaient les conditions de l'institution chrétienne ; ils devaient se modifier, au moins accidentellement, et ils se sont développés sous l'influence des conditions intérieures et extérieures dans lesquelles le christianisme a vécu.

À peine est-il besoin de montrer comment le culte de Jésus naquit dans le christianisme, ou plutôt avec lui. Dans les relations quotidiennes qu'ils avaient avec leur Maître, les disciples n'avaient pas eu pour lui d'autre culte qu'un religieux respect. Même après la confession de Pierre, la simplicité des rapports qui existaient entre le Christ et ses apôtres ne fut point altérée. La gloire messianique était encore à venir, et il n'y avait pas lieu de rendre hommage au Messie avant qu'il fût manifesté. Mais la situation respective du Sauveur et de ses fidèles fut toute changée par l'effet de la passion et de la résurrection. Jésus était entré, pour ce qui le concernait personnellement, dans la splendeur de son règne ; il était vivant et immortel, assis à la droite du Père, participant à sa puissance ; il n'était plus seulement le Maître qui enseigne avec autorité la révélation de Dieu ; il était le Seigneur que Dieu a préposé au gouvernement de son royaume. « Hommes d'Israël, écoutez ces paroles : Jésus de Nazareth, homme recommandé par Dieu auprès de vous par des miracles, des prodiges et des signes, que Dieu a faits par lui au milieu de vous, comme vous-mêmes le savez,... ce Jésus que vous avez crucifié, Dieu l'a fait Seigneur et Christ [11]. » « Toute puissance m'a été donnée au ciel et sur la terre. Allez instruire toutes les nations. Je suis avec vous toujours jusqu'à la fin du monde [12]. » C'est ainsi que la conscience chrétienne se représentait le fondateur du christianisme, conformément à ce que Jésus lui-même avait annoncé de sa gloire à venir. Il était donc tout naturel que l'on priât Dieu par Jésus, avec Jésus, en Jésus, et l'on ne devait pas tarder à prier Jésus lui-même, si tant est qu'on ne l'ait pas fait aussi dès le commencement, puisqu'il était toujours avec les siens, prêt à les entendre, et qu'il avait pouvoir de les exaucer. On ne conçoit même pas comment le christianisme aurait pu ne pas être le culte du Christ, et il n'est aucunement téméraire de penser que ce culte a précédé, en quelque sorte, qu'il a soutenu et inspiré le travail de la pensée chrétienne sur la personne du Rédempteur. La conversation du chrétien était dans les cieux, avec son Seigneur ; s'il distinguait Dieu de son Christ, il n'en voyait pas moins Dieu dans son Christ, tant l'union des deux était étroite et indissoluble ; on priait Dieu en priant le Christ, bien que les prières solennelles de la communauté fussent adressées à Dieu par le Christ. Jésus était comme la face de Dieu, tournée vers l'humanité. La piété chrétienne allait toujours plaçant le Sauveur au plus haut degré de la gloire, cherchant Dieu en lui et le trouvant, l'adorant au ciel et s'efforçant d'imiter ses exemples sur la terre, puisant sa force dans ce double caractère de son objet, le divin et l'humain. C'est là qu'a toujours été la vie du christianisme et le principe de sa fécondité morale. Bien hardis sont ceux qui croient que ce fut une altération de son essence. Inutile d'ajouter que la même piété, sous des formes diverses, subsiste dans les innombrables dévotions qui se sont rattachées au culte de Jésus et qui l'ont constitué jusqu'à nous, principalement le culte de l'eucharistie et du Sacré-Cœur, celle-ci plus récente en apparence que dans le fond.

Le culte des martyrs n'est guère moins ancien que

V. LE CULTE CATHOLIQUE

le martyre même. On s'attacha, dès les premiers temps, à recueillir les restes des frères défunts, surtout de ceux qui étaient morts pour la foi, parce que l'on croyait à la prochaine résurrection de leur corps dans la parousie du Seigneur. Cette pensée de la résurrection agissait alors bien plus puissamment sur les esprits qu'elle ne fait aujourd'hui sur les croyants les plus sincères. Le soin des cadavres s'explique ainsi de la façon la plus naturelle ; et ce soin était accompagné de piété, ayant pour objet des restes sacrés par l'Esprit et par une espérance immortelle. Le royaume que l'on avait attendu et que l'on attendait encore avec tant d'impatience, on le voyait maintenant se constituer, au-delà de l'horizon terrestre, par tous les bienheureux qui rejoignaient le Christ dans sa gloire et qui n'en restaient pas moins unis comme lui, avec lui, à l'Église de la terre, organe de la prédication évangélique et de la préparation du royaume des cieux. Le culte des saints est donc le complément naturel du culte de Jésus, et le culte de Jésus est le christianisme. Le christianisme sans ce culte n'est qu'une philosophie, disons, si l'on veut, une philosophie mystique, qui voudrait prendre le nom de religion et qui n'y a pas droit, car elle ne garde aucune forme religieuse déterminée. Elle n'est pas le monothéisme israélite, vu que ce monothéisme a sa forme de religion dans le privilège qui fait du Dieu unique le Dieu propre d'Israël. Le christianisme est une religion, et une religion universelle, parce qu'il incarne le Dieu unique dans le Fils de l'homme, et qu'il adore dans le Dieu fait homme le Dieu de l'humanité.

Le culte de Marie, sauf l'importance particulière de son développement, se présente dans les mêmes conditions que le culte des saints. La tradition évangélique primitive était remplie tout entière par le souvenir de Jésus ; à peine la mère du Christ était-elle mentionnée dans une circonstance où son intervention n'avait rien de significatif en sa faveur [13]. Puis on se préoccupa de Marie en pensant à l'origine de Jésus. La conception virginale, qui tend seulement à rehausser la personne du Sauveur et à faire valoir sa filiation divine, impliquait un spécial honneur pour la Vierge mère. On peut dire que le culte de Marie a profité de tous les progrès que faisait le dogme christologique. La croyance à la virginité gardée après l'enfantement, et à la virginité matérielle conservée même dans l'enfantement, a complété l'idée de la conception virginale ; elle servait à glorifier Jésus, et subsidiairement, de plus en plus, la mère de Jésus. Il semble que la piété commune ait pris, ici encore, les devants sur la théologie savante, et que le concile d'Éphèse, en proclamant Marie mère de Dieu, ait beaucoup moins donné un nouvel essor à son culte qu'il n'a consacré dogmatiquement un sentiment très vivant de la conscience chrétienne. On a remarqué que Marie a occupé, dans la théologie postérieure au concile de Nicée, la place qu'Arius avait assignée au Verbe de Dieu. La substitution, qui a été inconsciente, n'est pas pour cela fortuite ; elle se fit par une sorte de nécessité inaperçue, comme si la piété catholique n'avait pu se passer de cette puissance intermédiaire que l'hérésiarque avait voulu personnifier dans le Christ et que l'orthodoxie personnifia dans sa mère. C'est encore la dévotion populaire ou monacale qui eut l'initiative des progrès ultérieurs du culte de Marie, et de ce qu'on peut appeler la mariologie. On sait que la fête de la Conception a précédé en quelque manière et provoqué la doctrine de l'immaculée conception. Ainsi s'est formé, dans le catholicisme, un idéal humain qui est allé toujours grandissant. La justification historique des assertions de foi dont cet idéal se compose n'a jamais été poursuivie autrement que par le recueil des témoignages où ces assertions même se sont formulées, et qui sont une expression du christianisme catholique. Que cet idéal soit contraire à l'Évangile et qu'il n'en soit issu en aucune façon, il est peut-être moins facile qu'on ne croit de le démontrer.

III

Mais, en prouvant la nécessité morale de ce développement, ne prouve-t-on pas qu'il a été « naturel », comme le dit M. Harnack, et en dehors du culte en esprit que le Sauveur était venu instituer ? Le développement, certes, a été naturel en ce qu'il s'est produit dans l'histoire, et pour satisfaire à des besoins qui sont innés à la nature humaine. Dans ce sens-là, on peut dire tout aussi bien que la confiance en Dieu est naturelle à l'homme, et que l'Évangile de la bonté divine est aussi peu surnaturel que le culte chrétien. Si l'on dit naturel le mouvement dont on perçoit la suite, et si l'on met en dehors de la nature l'action de Dieu dans l'âme, et l'élan confiant de l'âme vers Dieu, le culte chrétien sera naturel en tant qu'extérieur, et coordonné à un effet surnaturel en tant qu'agissant sur l'âme par un moyen sensible, pour contribuer à produire ce qui est proprement le surnaturel dans l'homme, à savoir la vie en Dieu [14]. La parole évangélique, moyen indispensable de la foi, est tout aussi « naturelle » comme parole que les sacrements le sont comme signe, et elle n'en est pas moins le véhicule d'un bien surnaturel.

L'idée que les théologiens protestants se font volontiers du culte en esprit n'est pas plus rationnelle qu'évangélique. Il est impossible de réunir les hommes dans un culte purement intérieur, et l'on essaierait vainement d'imposer un tel culte à l'être humain, qu'on ne peut dépouiller de sa condition physique, et qui ne peut être pensant sans être entendant et parlant. Sa vie religieuse ne peut pas davantage être indépendante de tout élément sensible, qui l'aide à prendre conscience d'elle-même, à se définir et à s'affirmer. Jésus le premier a donné à ses disciples une formule de prières ; il a observé les pratiques du culte juif ; il n'a jamais recommandé aux siens un culte sans pratiques extérieures ; il n'a jamais eu l'intention d'instituer un tel culte. La parole du Christ johannique sur le culte « en esprit et en vérité [15] » n'oppose pas un culte purement intérieur à un culte extérieur ; mais le culte qu'on peut dire inspiré, spiritualisé, le culte chrétien que connaît l'évangéliste et qui est animé par l'esprit donné aux croyants, culte qui peut s'accomplir en tout lieu, est substitué au culte localisé à Jérusalem ou sur le mont Garizim. C'est le même évangéliste qui a donné la formule du culte en esprit et la formule de l'incarnation : les deux se correspondent ; Dieu est esprit, ainsi que son Verbe ; le vrai culte est spirituel, puisqu'il se fonde sur la communication de l'esprit divin ; mais comme Dieu esprit se manifeste dans le Verbe incarné, la vie de l'esprit se communique et s'entretient par les sacrements spirituels, l'eau du baptême, le pain et le vin eucharistiques.

Le système johannique est d'une parfaite unité ; ni le discours à Nicodème ni l'instruction sur le pain de vie ne contredisent la déclaration faite à la Samaritaine, et le tout s'accorde avec l'idée de l'incarnation, du divin se manifestant dans l'humain, du spirituel agissant dans le sensible, de la réalité éternelle se figurant et se communiquant dans le symbole terrestre. Le culte catholique ne fait qu'appliquer la théorie johannique, et cette théorie a défini le fait évangélique.

L'efficacité des sacrements n'est même pas chose si difficile à concevoir au point de vue de la raison. Il en est des sacrements comme du langage ordinaire, où la vertu des idées passe dans les mots, agit par les mots, se communique réellement, physiquement par les mots, et ne produit pas seulement son effet dans l'esprit à l'occasion des mots. On peut donc parler de la vertu des mots, car ils contribuent à l'existence et à la fortune des idées. Tant qu'une idée n'a pas trouvé une formule capable de frapper les esprits par sa clarté au moins apparente, par sa netteté et sa vigueur, elle n'agit pas. Il est vrai que l'action de la formule dépend des circonstances historiques de sa production. Mais l'analogie n'est point diminuée par là entre les mots, expression naturelle et moyen indispensable pour la communication des idées, et les sacrements, expression de la religion intérieure et moyen de communication avec Dieu. Le sens des symboles sacramentels a été déterminé aussi par les circonstances historiques de leur institution et de leur emploi. De là vient leur efficacité : ce sont des signes appropriés à leur destination, comme les mots peuvent l'être à l'expression de la pensée ; ce sont des signes divins parce qu'ils sont religieux ; ce sont des signes chrétiens, parce qu'ils procèdent du Christ. À tous ces titres, ils sont efficaces, et leur efficacité ne vient pas de celui qui les reçoit ; elle s'exerce en lui et sur lui ; elle tient essentiellement au lien qui les rattache à Jésus, qui en fait pour ainsi dire des actions du Christ vivant dans l'Église, et elle est conditionnée à la fois par l'application particulière du signe au sujet qui le reçoit, et par les dispositions de celui-ci.

Ces considérations peuvent aider à comprendre la doctrine de l'Église catholique sur les sacrements, et l'harmonie essentielle de cette doctrine avec l'Évangile. L'on n'a pas à démontrer ici la théorie du sacrement efficace par lui-même, à raison d'une institution positive du Christ, avec sa matière et sa forme, qu'on ne peut modifier sans détruire l'effet du sacrement. Les formules de la théologie sacramentelle, comme la plupart des définitions dogmatiques, ont été conçues en opposition avec des assertions que l'Église rejette comme erronées, à savoir que les sacrements n'ont point d'efficacité propre, qu'ils ne viennent pas du Christ, que le choix en est arbitraire et sans conséquence pour l'effet. La doctrine positive, contrepartie des opinions condamnées, est toujours susceptible d'explication et de progrès. Il importe peu que les sacrements soient censés composés de matière et de forme ; on pourrait, sans inconvénient, laisser de côté ces notions de l'ancienne philosophie, qu'on leur applique artificiellement, et les considérer en eux-mêmes en les prenant pour ce qu'ils sont, c'est-à-dire des actes religieux doués d'une efficacité surnaturelle. Cette efficacité ne leur appartient pas simplement en tant qu'ils sont des actes religieux, mais en tant qu'ils sont des

V. LE CULTE CATHOLIQUE

actes religieux chrétiens, qui sont rapportés au Christ par l'Église, dans lesquels le Christ vit et agit, comme il vit et agit dans l'Église et dans l'enseignement de l'Église. La vie d'une religion n'est pas dans les idées, ni dans les formules, ni dans les rites, comme tels, mais dans le principe secret qui a donné d'abord une puissance attractive, une efficacité surnaturelle aux idées, aux formules, aux rites. Les sacrements ne sont rien pour le chrétien que par Jésus ou son esprit agissant dans le signe sensible ; ils figurent et réalisent l'action perpétuelle du Christ dans l'Église. Jésus les a institués en tant qu'ils sont une institution permanente issue de lui et efficace par lui. Les changements incontestables et importants qui se sont produits dans le régime et la collation de plusieurs ne leur ôtent pas le caractère ni la valeur de sacrements du Christ. L'Église a toujours cru posséder en elle l'esprit de Jésus pour se gouverner en toutes choses. L'action de l'Esprit est liée aux formes de son gouvernement, de son enseignement et de son culte. L'institution sacramentelle n'est pas un instrument inerte, mais un principe, un mode d'action transmis du Christ à l'Église, susceptible d'applications variées, immuable seulement en lui-même, dans ses directions générales, dans ses formes essentielles. L'Église en règle la marche et le fonctionnement, se regardant comme l'interprète autorisée des intentions de son fondateur et de la façon dont il convient de les exécuter. Le système sacramentel est la forme historiquement déterminée que prend l'institution chrétienne, l'Église, en tant qu'organisme sanctifiant par le moyen duquel agit le Christ immortel.

Il peut être vrai que Dieu est la grâce unique, en

tant qu'il est le bien suprême de l'homme et sa fin dernière. Mais la vie humaine ne peut se résoudre en un simple acte d'union à Dieu, qui contiendrait toute la religion. Il est écrit que « la grâce de Dieu » est « multiforme [16] », et elle doit s'adapter en effet aux conditions très variées de l'existence, y apportant Dieu, dont l'inépuisable nature ne se résume pas non plus pour l'homme en un seul aspect. L'activité du Père ne s'épuise pas dans le seul geste du pardon. Pourquoi son assistance permanente ne serait-elle pas rappelée et garantie par des signes sensibles ? Ces symboles ne portent pas la moindre atteinte à la majesté divine, s'il est bien entendu que leur efficacité n'a rien de magique, et si, au lieu de s'interposer entre Dieu et l'homme, ils ne font que rappeler à celui-ci la présence perpétuellement bienfaisante de son Créateur. Le ministre des sacrements ne se place pas davantage entre l'homme et son Maître suprême, pour prendre la place de Dieu à l'égard de sa créature. Le caractère social du christianisme exige la réglementation du culte extérieur et une division de rôles dans les actes qui le constituent ; mais le rapport n'en est pas moins immédiat entre Dieu et tous ceux qui, à des titres divers, participent aux actions symboliques du culte chrétien. Dieu n'est pas plus loin du fidèle que de l'évêque ou du prêtre. Clercs et laïques vont à Dieu ensemble, prient Dieu ensemble, se sanctifient ensemble. Il n'y a entre eux qu'une « division de grâces et de ministères », comme le dit saint Paul ; mais c'est « le même esprit [17] » qui est dans tous. L'Évangile n'est pas ennemi de l'ordre, et l'on ne voit pas bien en quoi l'économie régulière du service divin peut gêner les opérations de la grâce de Dieu.

Toute religion est sacramentelle ; toute religion est aussi plus ou moins *déifique*, offrant à l'homme un moyen de s'élever jusqu'à la divinité, conçue d'abord et analogiquement à l'image de l'homme. Il ne serait peut-être pas trop difficile de prouver que, dans toutes les religions connues, le culte de l'homme est associé en quelque façon à celui de Dieu. Mais, dans les cultes païens, cette association se fait, en définitive, au détriment de la Divinité, dont on ne voit pas que le trait essentiel est de rester infiniment au-dessus de l'humanité. Le christianisme a évité cette confusion, tout en satisfaisant, par le culte de Jésus et les sacrements qui y sont coordonnés, le besoin de déification qui semble inné à la nature humaine. Il rend au Christ le culte que les Juifs rendaient au Dieu caché, qu'un être humain n'aurait pu regarder sans mourir. Il a pu le faire sans tomber dans le polythéisme et l'anthopolâtrie, parce qu'il distingue, dans l'objet de son adoration, le Dieu éternel et la nature humaine dans laquelle ce Dieu s'est manifesté sur la terre. Le Christ n'en est pas moins assis à la droite du Père, et l'humanité s'élève en lui jusqu'à la divinité. On peut dire, si l'on veut, qu'elle s'adore elle-même en Jésus ; mais on doit ajouter que, ce faisant, elle n'oublie ni sa propre condition ni celle de Dieu.

M. Harnack ne condamne pas expressément le culte rendu au Christ, mais il ne l'en regarde pas moins comme une sorte d'idolâtrie, née du polythéisme ancien. Pour lui, le culte de Jésus n'est pas plus légitime que le dogme de sa divinité. Est-ce que les apôtres ont adoré le Christ, même quand ils eurent acquis la foi à sa résurrection ? Est-ce que Jésus a été pour la première génération chrétienne autre chose qu'un médiateur divin, celui avec lequel et par lequel on prie et adore utilement le Père, non celui qui est adoré ? Mais ces circonstances ne font que mieux ressortir la nécessité d'un culte déifiant l'humanité, puisque, d'un monothéisme rigoureux, dont on a fortifié plutôt qu'atténué la formule, est sorti le culte d'un être humain, dont on n'a jamais voulu renier le caractère humain, tout en proclamant sa divinité ; après quoi, comme pour suppléer le Christ dans son rôle de médiateur, la piété chrétienne s'est fait toute une hiérarchie d'intercesseurs au moyen des esprits célestes et de ses ancêtres spirituels, en tête desquels elle s'est plu à mettre la Vierge Marie. Ni le culte du Christ, ni le culte des saints ne pouvaient appartenir à l'Évangile de Jésus, et ils ne lui appartiennent pas ; ils sont nés spontanément et ils ont grandi l'un après l'autre, puis ensemble, dans le christianisme se constituant ou déjà constitué. Le culte de Jésus et celui des saints n'en procèdent pas moins l'un et l'autre de ce qu'on pourrait appeler, en toute vérité, la révélation primitive, celle qui n'a jamais été spécifiée dans un enseignement formel et que l'homme porte écrite en caractères indistincts au fond de sa conscience religieuse. L'article qui constitue à lui seul cette révélation inexpliquée, et que Jésus a manifesté dans sa personne et dans sa vie autant que dans son enseignement, mais qu'il a manifesté le premier d'une façon claire et intelligible, parce qu'il le portait réalisé en lui-même, c'est que Dieu se révèle à l'homme dans l'homme, et que l'humanité entre avec Dieu dans

V. LE CULTE CATHOLIQUE   171

une société divine. L'homme avait toujours cru cela et ne l'avait que vaguement compris. Jésus le lui a fait entendre, et l'on peut dire que, dès ce moment, l'orientation de la prière a été changée, le nuage mythologique a été dissipé, en même temps que la barrière du légalisme et de la révélation verbale était renversée. Ce qu'il y a de plus divin dans le monde n'est pas le fracas du tonnerre, ni la lumière du soleil, ni l'épanouissement de la vie sur la terre ; c'est la beauté des âmes, la pureté du cœur, la perfection de l'amour dans le sacrifice, parce que tout cela est le don souverain de Dieu à l'homme, la plus grande œuvre et la manifestation suprême de Dieu dans l'univers. Ainsi Jésus révéla aux hommes le secret de Dieu et de la religion, parce que Dieu était en lui se révélant aux hommes ; ainsi les hommes sentirent qu'ils possédaient en Jésus Dieu révélé. Cette impression fut plus profonde chez les Gentils qui ne connaissaient pas Dieu, que chez les Juifs qui le connaissaient mieux, mais qui étaient accoutumés à l'adorer dans sa majesté redoutable. Toujours est-il que l'éternel principe de la transparence du divin à travers l'humain reçut alors une application nouvelle, très nette et très féconde, que cette application fut la religion chrétienne et le culte de Jésus, et qu'elle ne pouvait pas être autre chose. Cette application demandait même à n'être pas limitée au culte du Christ. Tout ceux qui avaient rendu témoignage à la révélation de Dieu en Jésus, qui n'avaient pas craint de mourir plutôt que d'en désavouer la certitude, qui en avaient démontré l'efficacité par la pratique des vertus chrétiennes, qui étaient morts dans la paix du Seigneur, avaient reçu également sur leurs fronts un rayon de divinité. Ce n'était pas la pleine lumière, la communication immesurée de l'Esprit et de la gloire de Dieu, mais c'était une participation de ce don, qui devait être saluée avec vénération.

C'est, en effet, comme prolongation du culte de Jésus que se justifie, au point de vue catholique, le culte de la Vierge et des saints. Les saints ne vivent pas seulement dans la mémoire de l'Église, mais dans son œuvre présente, par l'influence durable de leur activité personnelle et de l'idéal que leur nom signifie. Leur culte, comme celui de la Vierge et du Christ lui-même, a été ce qu'il a pu et dû être dans les milieux et les temps où il s'est développé. L'esprit chrétien a vivifié et vivifie encore des pratiques mesquines en apparence et qui peuvent devenir aisément superstitieuses. Mais il faudrait voir si ceux qui s'en contentent n'y trouvent pas le Christ, et s'ils seraient capables de le trouver plus facilement ailleurs. Au point de vue réel, la Vierge et les saints sont comme des types religieux inférieurs au Christ, mais unis à lui, menant à lui, agissant par lui et pour lui. Au point de vue du symbolisme théologique et de la conception populaire, le Christ est le médiateur unique, tout-puissant à raison de sa Divinité ; la Vierge est un intercesseur subordonné, tout-puissant par le Christ ; le pouvoir des saints est également subordonné à celui de Jésus. On peut dire que le gouvernement de ce monde, même celui des choses morales, ne doit point être partagé par provinces, selon des spécialités qui rappellent de trop près les petits dieux du paganisme. Et pourtant tout ce qui fut a une vie et une action éternelles en Dieu où tout demeure. Qui supprime l'intercession n'est pas loin de supprimer la prière.

V. LE CULTE CATHOLIQUE

N'est-il pas vrai, pour le catholique, d'une vérité de fait, que l'on va par Jésus à Dieu, par les saints à Jésus ? N'est-il pas vrai que le christianisme subsiste par la force que lui donne tout son passé, depuis Jésus jusqu'aux chrétiens de nos jours qui sont dignes de leur nom ? N'est-il pas vrai que tous les fruits de l'Évangile dans le christianisme sont encore l'Évangile ? N'est-il pas vrai que recourir aux saints, c'est recourir à Jésus ; que recourir à Jésus, c'est recourir à Dieu ; que recourir à Dieu avec une foi simple, c'est s'élever au-dessus de soi, entrer dans la religion et la réaliser pour soi ? N'est-il pas vrai que, par ces moyens que le protestant trouve si vulgaires et ridicules, porter un scapulaire, dire le chapelet, gagner des indulgences sur les mérites des saints et pour les âmes du purgatoire, le catholique se met effectivement dans la communion des saints, c'est-à-dire la communion de Jésus, c'est-à-dire la communion de Dieu ?

Il serait sage, assurément, de modérer ce culte dans certaines de ses manifestations, et surtout de l'éclairer sur sa véritable portée. Les considérations générales qui légitiment, au point de vue chrétien, la prière d'intercession comme moyen de fixer l'âme en Dieu par l'intermédiaire des créatures en qui l'on reconnaît qu'il s'est particulièrement révélé, exigent que cette prière diffère, quant à l'esprit, de la superstition païenne, et ne se nourrisse pas de chimères. Après tout, dira-t-on, si saint Antoine de Padoue n'a pas vraiment le pouvoir de faire retrouver les objets perdus, gagner le gros lot à la loterie, recevoir au baccalauréat les écoliers dévots et paresseux, il y a chance pour qu'une crédulité naïve fasse tous les frais de l'intervention surnaturelle que l'on sollicite en de pareils cas, et pour que la valeur religieuse et morale des prières faites en ces conditions ne soit pas supérieure à celle des demandes adressées communément aux divinités païennes ; mieux vaudrait recommander aux écoliers de mériter le succès par le travail, à tous de veiller à leurs affaires, et de compter à la fois sur la Providence et sur eux-mêmes pour la réussite de leurs entreprises.

Encore est-il que les puérilités apparentes de la dévotion sont moins éloignées qu'il ne semble de la religion. La face des choses est double. L'homme est comme placé entre la nature où tout paraît fatal, et la conscience où tout paraît libre. L'univers est pour lui un gigantesque mécanisme qui l'enserre de toutes parts, qui le broiera sans miséricorde, si l'occasion s'en présente, et le spectacle que se donne à lui-même un Être tout-puissant et bon. La contradiction qui se remarque dans la conduite de l'homme demandant à être dispensé de la fatalité, existe aussi dans le monde où se rencontrent la nécessité et la liberté. Aucune prière n'est insignifiante ni ridicule pour l'homme de foi, à condition qu'elle ne méconnaisse pas Dieu dans sa bonté et qu'elle respecte sa souveraineté. Aucune prière n'est justifiée comme acte de raison pure et de piété parfaite, si ce n'est la droiture des intentions, l'application au devoir et la soumission a la volonté divine. À la prendre selon sa signification naturelle et primitive, l'Oraison dominicale ne prêterait guère moins à la critique, en certaines parties, que la prière à saint Antoine de Padoue pour retrouver un objet perdu. La demande : « Donne-nous aujourd'hui notre pain de chaque jour », entendue selon la rigueur de sa significa-

V. LE CULTE CATHOLIQUE

tion historique, ne serait-elle pas subversive de l'économie sociale ? Pratiquement et en règle générale, l'homme adulte et sain peut et doit attendre son pain de son activité. Maintenant, le chrétien demande que cette activité soit bénie du ciel ; mais le sens des paroles qu'il prononce était tout autre à l'origine. Il en est de même pour la demande : « Que ton règne arrive », dont le sens, pour le chrétien moderne, est assez différent de ce qu'il était pour le chrétien primitif. Ainsi la prière tire sa valeur du sentiment qui l'anime et qui en conditionne l'efficacité morale, non de l'occasion qui la provoque, ni même de l'objet qu'elle semble viser directement. Cette efficacité de la prière est indépendante de son exaucement formel, et elle n'est pas plus contestable pour le chrétien que l'existence personnelle de Dieu.

Il ne faut pas s'imaginer qu'on ait prononcé la condamnation du culte des saints, des reliques, de la Vierge et du Sauveur lui-même, parce que ce culte se sera présenté à l'historien comme une concession aux tendances de la religion populaire [18]. Il est essentiel à toute religion vivante d'être une concession de cette sorte. Ce qu'on peut demander au christianisme est de relever le caractère de cette concession par l'esprit qui pénètre le culte et ses pratiques. Les tendances dont il s'agit sont une loi fondamentale de la religion et une condition du développement religieux. Tout est sauvé quand on n'estime pas les formes du culte au-dessus et aux dépens de l'esprit qui doit les animer. L'Église ne peut pas plus supprimer l'instinct religieux qu'elle ne semble disposée à l'abandonner complètement à lui-même ; elle fait en sorte de le régler, et les dévotions lui sont un moyen d'entretenir la religion. La piété de telle ou telle nation catholique ne représente peut-être pas l'idéal du catholicisme, mais c'est tout ce que le catholicisme a pu tirer de cette nation. Que peut-on demander à l'Église, sinon un effort continu pour obtenir plus qu'on ne lui a jusqu'à présent donné ? Cet effort existe.

M. Harnack lui-même reconnaît [19] que les dévotions au Sacré-Cœur, à la Sainte Vierge, et autres semblables, sont devenues, dans l'Église catholique, une source de bénédictions et un moyen d'arriver au Dieu bon. C'est que l'esprit chrétien a pénétré jusqu'au fond de la dévotion et y a mis l'Évangile. Les dévotions, au lieu d'être un empêchement à la religion, lui sont un soutien, tout comme les sacrements, au lieu de dérober le Christ au fidèle, le lui donnent.

Les critiques protestants, lorsqu'ils s'étonnent que l'esprit chrétien se rencontre encore dans le catholicisme malgré l'Église, la foi malgré le dogme, la vraie piété malgré la multiplication des pratiques extérieures, prennent pour des obstacles les garanties réelles et les conditions normales des biens que l'Évangile, devenu religion, a donnés au monde, et que leurs spéculations sur la pure essence du christianisme sont impuissantes à lui procurer. Le protestantisme lui-même ne subsiste-t-il pas, comme religion, par ce qu'il a retenu d'organisation ecclésiastique, d'enseignement officiel et de culte confessionnel ? Il est vrai que, par suite de l'évolution politique, intellectuelle, économique, du monde contemporain, par suite de ce qu'on appelle d'un mot l'esprit moderne, une grande crise religieuse, qui atteint les Églises, les orthodoxies et les

V. LE CULTE CATHOLIQUE

formes du culte, s'est produite un peu partout. Le meilleur moyen d'y remédier ne semble pas être de supprimer toute organisation ecclésiastique, toute orthodoxie et tout culte traditionnel, ce qui jetterait le christianisme hors de la vie et de l'humanité, mais de tirer parti de ce qui est, en vue de ce qui doit être, de ne rien répudier de l'héritage que les siècles chrétiens ont transmis au nôtre, d'apprécier comme il convient la nécessité et l'utilité de l'immense développement qui s'est accompli dans l'Église, d'en recueillir les fruits et de le continuer, puisque l'adaptation de l'Évangile à la condition changeante de l'humanité s'impose aujourd'hui comme toujours et plus que jamais.

Il n'entre pas dans l'objet du présent livre de dire quelles difficultés, plus apparentes peut-être que réelles, ce travail peut rencontrer dans l'Église catholique, ni quelles ressources incomparables y subsistent pour cette grande œuvre, ni comment il serait possible de concevoir, à l'heure actuelle, l'accord du dogme et de la science, de la raison et de la foi, de l'Église et de la société. Si l'on a réussi à montrer que le christianisme a vécu dans l'Église et par l'Église, et qu'il est bien inutile de vouloir le sauver par la recherche d'une quintessence, ce petit volume est suffisamment rempli.

---

1. P. 113.
2. P. 130.
3. P. 126.
4. P. 137-138.
5. P. 148.
6. P. 155-156.
7. P. 175, 183-184.
8. « Le baptême s'est développé, d'une part, dans la confirmation, de l'autre, dans la pénitence, le purgatoire et les indulgences ;

l'eucharistie, dans la présence réelle, l'adoration de l'hostie, la résurrection du corps, la vertu des reliques. » NEWMAN, *Essay on the Development* 2, (1846), 154.
9. Cf. MARC, VI, 13.
10. v, 32.
11. ACT. II, 22, 36.
12. MATTH. XXVIII. 18-20.
13. MARC, III, 31.
14. « Il ne faut pas nier que ce qui est humain dans l'histoire puisse être divin au regard de la doctrine ; il ne faut pas confondre le développement extérieur des choses avec l'action intime de la Providence ; il ne faut pas raisonner comme si l'existence de l'instrument naturel excluait l'opération de la grâce... Quand la Providence veut faire une révélation, elle ne commence pas sur nouveaux frais, mais elle utilise le système existant ; elle n'envoie pas visiblement un ange, mais elle commissionne et inspire un de nos frères. Les choses ont la même apparence qu'auparavant, bien que désormais une puissance invisible les domine. L'histoire d'Israël (et l'on peut en dire autant du christianisme) est double : terrestre pour le monde, céleste pour les héritiers du royaume. » NEWMAN, *Essays critical and historical*, II, 230, 194-196.
15. JEAN, IV, 23-24.
16. I PIER. IV, 10.
17. I COR. XII, 4-5.
18. « Confiants dans le pouvoir qu'a le christianisme de résister à la contagion du mal, et d'affecter à un usage évangélique les propres instruments et les accessoires du culte du démon ; sentant aussi que ces pratiques, bien qu'elles eussent été corrompues, provenaient de révélations primitives et de l'instinct de la nature, et qu'ils devaient inventer ce dont ils avaient besoin, s'ils ne voulaient pas employer ce qu'ils trouvaient ; (sachant), de plus, qu'ils possédaient les vérités originales dont le paganisme esquissait les ombres, les chefs de l'Église, dès les temps anciens, étaient disposés, l'occasion se présentant, à adopter, à imiter ou à sanctionner les rites existants et les coutumes du peuple, aussi bien que la philosophie des gens éclairés. » NEWMAN, *Development*, 358.
19. *Dogmengeschichte*, III, 670, n. 3.

Du même auteur : *Le Livre de Job traduit de l'hébreu avec une introduction.*

Copyright © 2023 Alicia Éditions
Crédits images et couvertures : Alicia ÉDITIONS,
www.canva.com

www.ingramcontent.com/pod-product-compliance
Lightning Source LLC
LaVergne TN
LVHW052234110526
838202LV00095B/225